ちくま学芸文庫

古代ローマ帝国軍 非公式マニュアル

フィリップ・マティザック
安原和見 訳

筑摩書房

LEGIONARY

by

Philip Matyszak

Copyright © 2009 and 2018 by Thames and Hudson Ltd, London

Japanese translation published by arrangement
with Thames and Hudson Ltd, London
through The English Agency (Japan) Ltd.

軍団兵の短剣と鞘。短剣は、天幕のロープの修復や
長靴の鋲釘の選別など、軍団の保守作業全般で使われ
るため、とうぜん長剣よりはるかに出番が多い。

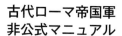

古代ローマ帝国軍
非公式マニュアル

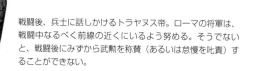

戦闘後、兵士に話しかけるトラヤヌス帝。ローマの将軍は、
戦闘中なるべく前線の近くにいるよう努める。そうでない
と、戦闘後にみずから武勲を称賛（あるいは怠慢を叱責）す
ることができない。

ピクト

NORTH SEA
北海

IX

XX

II

XXII
VI

トイトブルクの森

ゲルマン人 エルベ川

大西洋
ATLANTIC OCEAN

セクアナ(セーヌ)川

X

ルテティア
(現パリ)

アレシア

VIII

ダヌビウス(ドナウ)川

XV

XVI

XIII VII

XXI

IV

VII

タグス(タホ)川

ローヌ川

ローマ

ガデス(現カディス)

III

ベルベル人

300 miles

500 km

ローマ数字は各軍団のおおよそ
の活動地域を示す

トラヤヌス帝治下、後100年の
ローマ帝国の国境

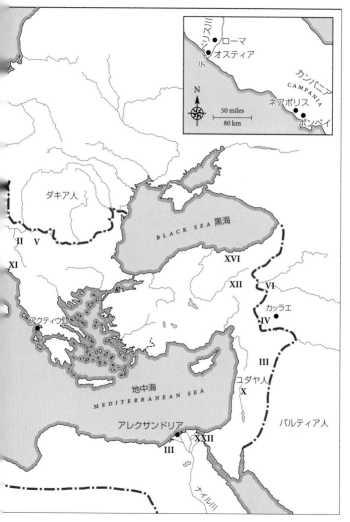

ローマ
オスティア

カンパーニア
CAMPANIA
ネアポリス
ポンペイ

N

50 miles
80 km

ダキア人

II V

XI

BLACK SEA 黒海

XVI

XII

VI

アクティウ△

カッラエ
IV

III

地中海
MEDITERRANEAN SEA

ユダヤ人
X

パルティア人

アレクサンドリア

XXII

III

ナイル川

9

ジョン・ラドフォード、グンター・メイザーをはじめ
ムレワ第5群のみなさんに

兵士たちよ！　ウェスタの巫女みたいにぼけっと突っ立っているんじゃない。
務めはわかっているな——きさまらはそのために生き、そのために訓練され、そのために給料をもらっているのだ。さあ、わたしの命令を待ち……そしてそれを守り抜くのだ！　ラッパ手よ、突撃の合図だ！　1、2、3……

第1章

ローマ軍に入隊する

conscribe te militem in legionibus. pervagare orbem terrarum. inveni terras externas. cognosce miros peregrinos. eviscera eos

軍団に入隊し、世界を見、見慣れぬ土地を旅し、興味深くめずらしい部族と出会い、そしてその腹をかっさばこう。

ローマは諸君を必要としている！

今年こと西暦100年、皇帝マルクス・ウルピウス・ネルウァ・トラヤヌス（通称トラヤヌス帝）の御代初期の年、われらがローマ帝国の版図に限界はない。国境ははるかパルミュラを越えて砂漠にのび、ブリタンニアの湿地や霧を貫いている。しかしながら、ローマの安全はあらゆる場所でおびやかされている。帝国の枠組み内において、政治的な破壊分子が絶えず陰謀をめぐらし反乱を企て、凶悪な蛮族がつねに国境の弱点を探り、またパルティアという嫉妬深い大国が東方全体の脅威となっている。これら数々の危険に対して、防衛の大いなる柱は2本ある——われらが皇帝陛下の叡知と精力、そしてローマ軍の力だ。これがつねに忠実に、ローマ市民に対する防衛と奉仕をになっているのである。

ローマ軍に入隊するのに、いま以上に適した時期はない。アウグストゥス帝が軍の基盤を職業軍人のほうへ移してから3世代を経て、軍隊組織はみごとに整えられ、かつて世界に登場した最強にして最も高度な戦闘集団が生み出されるにいたった。青二才が新兵として入隊してから、年金をもらって除隊するまで（あるいはきちんとした墓に葬られるまで）、すべてがローマ的精密さで組織化されている。この40年間、ブリタンニアは帝国内で（軍事的に言って）最も興味深い場所のひとつだったが、反抗的なブリトン人はおおむね制圧され、靴下を濡らす遠征もついに栄光のうちに幕を閉じた。いま注目はダヌビウス（ドナウ）川の向こう、厄介なダキア王国に移っている。そしてそのあとには、メソポタミアの砂漠の砂のうえ、パルティアと最終的な決着をつける時が待っているのだ。

　ローマ軍の武器と装備は、世界で最も先進的かつ強力であり、機動性でも火力でも防御力でも右に出るものはない。軍団兵になれば、帝国内いずれかの軍駐屯地に迎え入れられ、そこで暮らし、訓練を受けて、軍が戦場に出るときに備えて心身を鍛えることになる。しかるべき入隊者には、軍は指導と昇進の機会と今後25年間の定収入を保障する。本マニュアルは、その年月を通じて変わらぬ指針となるだろう。入隊手続きの場所と方法に始まって、複雑な訓練や甲冑や演習にいたるまでくわしく解説する。また戦闘に生き残り、軍営生活をそつなくこなすこつや、ついに従軍の日々を終えたとき、どうすれば平穏で豊かな隠退生活が送れるかということもわかるはずである。

マルクス・ウルピウス・ネルウァ・トラヤヌス、最善の皇帝、<ruby>インペラトル・オプティムス</ruby>ローマの支配者、世に知られた世界の主人にして、諸君の最高司令官である。ここでは鎧をまとい、将軍のしるしである真紅のマントを片腕から垂らしておられる。後53年、ヒスパニア・バエティカ（スペイン）のお生まれ。トラヤヌス帝は後98年から皇帝であらせられる。その御代の長く栄光多からんことを！

入隊資格

ロ　ーマ軍がなければローマはない。兵士たることは、ローマ市において最も誇れる伝統のひとつだ。ローマ皇帝にはたいてい従軍経験があるし、共和政時代の政治家にしても、戦場でローマの敵と対決して打ち勝ってきた経験がなければ、選挙民と対決して公職を勝ち取ることはまずできなかった。ロムルスもキンキナトゥスも、大カトーもキケロも、みな戦場に出たことがある。かれらが率いた兵士はローマ市民であり、それもちゃんとした身分の市民だった。ローマ軍の戦列は、奴隷や犯罪人や無頼漢には開かれていなかった――これはいまも同じだ――からである。

✦✦✦

　そのような者［無頼漢］を親として生まれた若者は、カルタゴ人の血で海を汚すことはできず、ピュロスや強大なアンティオコスや恐るべきハンニバルを倒すことも許されなかった。否、それを果たした雄々しい兵士らは、かの質実な兵士たちの子孫であった。サビニ人の鋤で土を耕すことを学び、厳しい母の言うままに森から薪を切って運んでいた若者の子孫なのである。　　　　　　――ホラティウス『頌歌』3・6

✦✦✦

　このように詩人ホラティウスは書いている。ホラティウス自身も地方出身者で、軍団兵として勤務していたことがある。前42年のピリッピの戦いのさい、盾を棄てて生命からがら逃げ出し、不名誉な形で除隊してはいるものの、そ

パクス・ロマナ「ローマの平和」

われらの知る世界はいま、未曽有の平和と繁栄を迎えようとしている。それはのちの世代に「ローマの平和（Pax Romana）」と呼ばれることになるだろう。ここで言う「平和」とは、ローマ国境の外側の敵を相手に、軍団がしょっちゅう殺したり殺されたりしなくなるという意味ではなく、帝国の国境内でローマと服属民とのあいだに合意が形成され、服属民は反乱を起こさず、そのかわり軍団はかれらの都市を焼き払ったり、住民を礫にしたりしないと決められたということだ。この政策は功を奏するが、そのためには皇帝にある程度の技量や能力が必要とされる。幸いなことに、これからの100年間のローマは、おおむねそのような有能な皇帝に恵まれることになる。最も慈悲心にあつい皇帝ですら、厄介を起こしそうな連中をやんわり脅しつける——すぐにも掠奪可能な場所に1、2個の軍団が駐留していることをそれとなく教えてやる——のをためらいはしないというわけだ。

れでも彼の言葉には真実がある。ローマ軍の新兵は3つに分類できる。レクトゥス lectus（強制的に徴兵された者）、ウィカリウス vicarius（徴兵された者の代理として志願させられた者）、そしてウォルンタリウス voluntarius（ほんとうに自分から入隊を希望する者）だ。イタリア人のウォルンタリウスが次々に兵舎の門前に現われてほしい、健全な肉

体と精神を備えた者ばかりが——軍団の新兵徴募官なら、だれしもそう夢見るだろう。

　これからの20年余りをローマ軍の鷲のもとで過ごしたいと思う諸君のために、入隊資格の簡単なチェックリストをあげておく。

右端の男はローマ軍の新兵徴募官。これはトラヤヌス記念柱の浮彫りだが、新兵徴募官ならこんな大盛況を夢に見ない者はいないだろう。なにしろ若く健康な新兵候補が、4半世紀間のローマ軍団の軍務に就きたいと押しかけてきているのだ。逃亡奴隷や指名手配中の犯罪者が列にまじっていれば、不合格になって罰せられるはずである。

†ローマ市民権を持っていること

　切羽詰まって奴隷や外国人まで軍団に入隊させていた時期もあるが、いまはそういう時代ではない。ペレグリヌス peregrinus（非市民）が軍歴を求めるなら、補助軍の門をたたくほうがよい。奴隷が軍に入隊しようとすれば罰として鉱山送りにされたり、へたをすれば身のほど知らずとして処刑されることもある。

†独身であること

　この時代、ローマ軍の兵士に結婚は許されていないが、不幸な結婚生活から逃れて軍団に入隊することは禁じられていない。ローマでは、結婚は民事的な結びつきであって、宗教的な誓いではない。というわけで、軍に入隊すれば一方的に離婚を宣言したことになる。

†五体満足で健康であること

　ローマ軍は、前職が肉屋や鍛冶屋であった新兵を好む。あるいは、もっと不気味な作物が好みの刈取り屋でもよい〔不気味な刈取り屋で「死神」の意〕。しかし、そういう職業につきものの危険を考えて、志願者の身体検査では手指の数をきちんとかぞえている。人さし指や親指がないのは不合格の理由になる。ただ、ディレクトゥス dilectus（緊急時の徴兵軍）では、徴兵逃れに自分で指を切断するという恥ずべき事例も見られる。意図的な身体毀損がわかった場合は厳罰が待っている。

† 身長が5フィート10インチ以上あること

　ローマのフィートは、後代のフィートより3分の1インチほど短いことに注意〔したがって5フィート10インチはだいたい173センチ〕。また、とくべつがっちりした体格であれば身長不足は不問に付されることもある。

† 男性性器がそろっていること

　女性および去勢者は応募に及ばず。軍団は男の世界である。ただしこれを聞けば喜ぶ者もいるだろうが、トラヤヌス帝は先ごろ、睾丸をひとつ失った者でも軍役に就くには差し支えないと勅令を出された。

† 視力がよいこと

　ディオニュシウスの子トリュポンは……グナエウス・ウェルギリウス・カピトによって除隊されたが……これは白内障で視力が落ちたためである。アレクサンドリアにて検査済。証明書発行日：ティベリウス・クラウディウス・カエサル・アウグストゥス・ゲルマニクス〔クラウディウス帝〕治世第12年パルムーティ月〔エジプトなどの暦で8番めの月〕29日　　　　　　　　　──除隊に関する文書、後52年4月24日付

† 人物がきちんとしていること

　前科があっても微罪であれば大目に見られることもあるが、重罪の告発を逃れるために入隊しようとしても、即座にはねられる。国外追放からこっそり戻る手段として軍を利用しようとする者も、その点は同じである。この時代、

軍団勤務は特権なのだ。入隊にさいしてよいスタートが切れるかどうかは、ローマ社会ではたいていそうだが、個人的なコネによって決まる。だれにどんな理由で推薦されているか、それが新兵の将来の出世を大きく左右するのだ。

† 推薦状

　推薦状は必要不可欠な第1歩だから、軍への入隊を考えるなら、できるだけ地位の高い人物からできるだけ熱烈な推薦状をもらえるよう努力しよう。推薦状はローマ社会ではありふれた慣習で、さまざまな状況で人物証明として使われている。軍にだれかを推薦する場合、書き手は自分の個人的評判をその一筆にかけることになる。いわば当然のことだが、退役兵からの推薦状はきわめて好意的に受け入れられることが多い。それを書いた人物が、その志願者の入隊を望む部隊に勤務したことがあればなおさらだ。とはいうものの、志願した時点で、その部隊が新兵をどれぐらい採りたがっているかというのも大きな要因だ。風刺作家のユウェナリスの言うように、適当な時期に適当な場所にいることはひじょうに重要なことである。

✝✝✝

　ガッリウスよ、輝かしい軍歴の利点をすべて数えあげられる者がどこにいようか。緊張した新兵として陣営の門に迎えられるとき、私の頭上に幸運の星があればよいと願う。いっときでも本物の幸運に恵まれれば、それは軍神マルスに対する美の女神ウェヌス〔マルスの妻〕からの、あるいは大女神ユノ〔マルスの母〕からの推薦状よりも役に立つだろ

トラヤヌス帝の判断

　プリニウス［小アジア北西部ビテュニアの総督］
からトラヤヌス帝へ——センプロニウス・カエリア
ヌスというじつに優秀な若者が、新兵のなかに奴隷
がふたりまじっているのを見つけて、私のもとへ送
ってきました。しかし、まだ処罰を下しておりませ
ん。軍規の回復者にして維持者であられる皇帝陛下
に、かれらに与えるにふさわしい処罰をご相談いた
します。

　トラヤヌスからプリニウスへ——センプロニウ
ス・カエリアヌスは、死刑に値すると思われる犯罪
人をあなたの前で裁くよう送り込んできたのだか
ら、私の命令に従って適切に行動している。しかし
この場合、これらの奴隷がみずから志願して入隊し
たのか、それとも将校に選ばれたのか、［徴兵され
た］ほかの者の代わりに差し出されたのか、そこを
確認するのが肝要である。もし選ばれたのなら責任
は将校にあるし、代理で入隊したのなら、責められ
るべきはかれらを差し出した者である。しかし、法
的にその地位に就く資格がないと自分でわかってい
ながら、自発的に志願してきたのであれば、かれら
自身に罰を与えなくてはならない。まだどの軍団に
も所属していなくても、この場合には大差はない。
軍務に適格と認められた時点で、ただちに自分自身
の身分を明らかにすべきだったのだから。
　　　　　　——小プリニウス『トラヤヌスへの書簡』

う。　　　　　　　　——ユウェナリス『風刺詩集』16（1〜6）

✚✚✚

その軍団でいま新兵が必要でない場合、志願者は補助軍のコホルスに配属されるかもしれないし、艦隊にまわされることすらある〔古代には艦隊勤務は名誉ある地位とは見なされていなかった〕。新兵の数が多い場合は、よい推薦状を持っている者ほどよい職種に就ける。「この推薦状を顔の前にあげ、そこに私がいて、じかに話していると思ってもらいたい」ある推薦状にはこう書かれている。これを渡された新兵徴募官は、書き手が軍人だったころの知り合いだったのだろう。

その後の手続き

試験を受ける

推薦状——新兵候補が軍歴を積むのに必要な第1の武器——を手に入れたら、次に待っているのはプロバティオprobatio（面接試験）だ。プロバティオとは、その語が暗に示しているとおり〔字義どおりには「承認」の意〕、要するに試験である。これは、軍団兵候補が宣誓して部隊に配属される前におこなわれる。プロバティオの目的は、新兵候補が自分の言うとおりの人物であることを確かめ、また相応の体力があって、これからの年月に課せられる要求に耐えられるかどうか確かめることだ。推薦状はここで精査され、面接官は必要と思えば問い合わせをする。したがって、虚偽の申請をして入隊した者（先に見たプリニウスの手

紙にあった奴隷のように）は最初のハードルは越えられても、ローマの官僚機構という復讐の女神（ネメシス）に、あとでじわじわと迫ってこられることになるかもしれない。

宣誓

　面接でなんの問題も見つからなかったら、新兵候補は「**入隊宣誓**」の列に並ばされる。太字に注意。宣誓する瞬間までは新兵候補は民間人だから、ふとわれに返って、脱兎のごとく兵舎から逃げ出してもなんの問題もない。しかし宣誓後は皇帝の兵士となるわけだから、逃げ出せば脱走ということになり、恐ろしい懲罰が待っている（「軍規」参照）。したがって、この時点でじっくり考えることをお勧めする。これからの数分間で、今後の25年または残りの人生（どちらか短いほう）がどうなるか決まるのだ。

　「前に出よ、新兵第1番、さまざまな神々にかけて固き誓いを立てよ。今後は指揮官の命に従って行けと言われればどこへでも行きます。命令にはまじめに、反問することなく従います。ローマ市民法の保護を去り、不服従や脱走に対しては裁判なしで死刑を命じる指揮官の権限を受け入れます。割り当てられた勤務時間中は軍旗のもとで忠実に戦い、指揮官に除隊を認められるまでは軍を去らないと約します。わが身に代えてもローマに忠実に仕え、市民に関する法と軍営の同志に関する法を遵守します。おめでとう、これできみはローマ軍の兵士だ。次！」

　新兵第2番も同じ誓いを言わされる場合もあるが、処理すべき頭数が多いときは、第1番のみが宣誓の言葉を述べ

て、その後の新兵は前に出て「イデム・イン・メ」idem in me（「私も同様」）だけ言ってすませることもある。

検査と登録

　宣誓して入隊すると、軍団兵はきちんと登録される。つまり、氏名のほかに、ほくろや傷跡や目立つ特徴が記録されるのだ。脱走兵が一般市民を装っているのを見破ったり、戦場の死体の山から個々の兵士を判別したりするためである。

✛✛✛

　ガイウス・ミヌキウス・イタルスからケルシアヌスへ。……6人の新兵を登録。氏名と特徴は以下のとおり。……マルクス・アントニウス・ウァレンス／22歳／ひたいの右に傷跡／［以下略。新兵のかなり長いリストが続く］親衛隊のプリスクス［人名ではなく階級］を通じて受領。第3コホルスのアウィドゥス・アッリアヌス……本写しの原本を同コホルスに登録したことを確認。──オクシリンクス〔ナイル川西岸の古代遺跡〕出土パピルス第1022号

✛✛✛

　時が経つにつれて、軍団兵についてまわる文書はどんどん増えていくのだが、この記録はその文書第2号である。この記録と本人とを結びつけるのが、そこに記載された外見的な特徴であり、またシグナクルム signaculum（「小識別証」の意）である。シグナクルムというのは小さな鉛の板で、小袋に入れて支給されたものを首からかけることになっている。要するに、後代の軍隊の「認識票」と同じよ

うに、兵士の特定に役立つというわけだ。近ごろでは、所有物とか奴隷を特定するためにもこのシグナクルムは使われているが、この2種類と兵士は似たようなものであるから当然などと、兵士の前で民間人が口にするのは賢いことではない。

いざ兵営へ

所属予定の部隊の兵士が何人か待っていて、新兵たちの新たなわが家へ案内してくれることもあるが、自力で行くように指示されることもある。軍団の兵舎は、新兵徴募の本部からかなり遠い場合もあるので、そういうときはウィアティクム viaticum（旅費）を支給され、新兵たちはそれで道中の出費をまかなうことになっている。所属部隊の将校が同行するときは、新兵たちはその旅費を将校に預けるのがふつうである。将校はその道程を旅したことがあるから適当な宿泊場所を知っているし、団体割引を交渉することもできる。旅費が残ったら、目的地に着いたときに新兵の口座に戻される。

新兵がひとりきりだったり、少人数すぎて案内をつけるまでもない場合、贅沢に旅して無一文で着くか、野宿して多少の蓄えをふところにたどり着くか、どちらでも好きなほうを選べる。これは、軍団生活を始める者にとって有益な最初の教訓だ。これから見ていくように、ささやかな安楽をとるか、困苦に耐えて年金を貯めるか、どちらかを選ぶ状況にたびたび出くわすことになるからである。

✦✦✦

第Ⅰルシタニア・コホルスの旗手ロンギヌス・ロングスより、上官の百人隊長ティトゥレイユス・ロンギヌスへ。「423デナリ20オボロスを受領しました。前記の金額は、高貴なる皇帝われらがトラヤヌス帝の御代第21年トート月6日［9月3日］に本百人隊に到着した、23名の新兵により預託されたものです」　　　　　　　　——エジプト出土のパピルス、後117年

✝✝✝

　　所属部隊への到着は、兵士にとって忘れがたい経験だ。今後25年間、そこにいる者たちが軍団兵にとって唯一の家族となるのだから。

第2章

新兵候補のための軍団ガイド

**milites exercitati facile intellegi possunt. abundant
tamen tirones periculosi**

玄人の行動は予測できる。この世は危険な素人で満ちている。

ローマ軍小史

ーマが建国されて700年ほどになるが、いささか意
外なことに、ちゃんとした職業軍人がいたのはその
5分の1の期間にすぎない。それ以前は、ローマ軍の兵士
に会いたければ、街で足腰の立つローマ人男性を呼び止め
さえすればよかった。その男性はたいていの場合、この数
か月軍隊に入っていたという人だったはずである。遠征の
季節が終わって、将軍——ローマの執政官でもある——と
ともに戻ってきたところというわけだ。

前500年

　このころの兵士はいまよりずっと楽だった。敵国がすぐ
そばにあったからだ。たとえば、ローマがウェイイのエトル
リア人と戦っていたときなど、わが家に夕食をとりに帰る
将校たちもいたほどだ。遠征は春に始まり秋に終わるもの

だったから、軍は春に召集され、秋には解散していた。つまり、わが家に帰って収穫の手伝いができたのである。ローマ軍の兵士はみなローマ市民であり、逆もまた真だった。市民が集まって選挙をおこなうのはマルスの野であり、市民はそこでローマ軍として百人隊ごとに整列した。大ざっぱに言って、票の重みはだいたい軍装の重みに比例していた。最初に投票するのは騎兵すなわちエクエスである。なにしろ馬は重いから、騎兵の票はことのほか重要というわけだ。次に投票するのは第一階級——重い甲冑と剣と盾を購入できる層——である。言うまでもなく、かれらは尊敬すべき市民であって、その意見には耳を貸さなくてはならない。なにしろこれだけの軍装を所有している市民を怒らせたら、当局は文字どおり痛い目にあわされることになりかねない。もうひとつ付け加えると、このような投票法をとっているせいで、ほとんどの重要問題はおおむね騎兵と第一階級の意見で決まるという結果になっていた。投石器ととがった棒を持って戦場に行く有象無象には、意見を表明する機会はまるでまわってこないというわけだ（第一階級と騎兵に言わせれば、これはけっして悪いことではない）。

前300年

　もともとの基本的な戦闘単位は重装歩兵密集方陣だった。槍兵を方形にぎっしり並べた陣形だ。しかし、この大人数の部隊は機動性に乏しく、イタリアの山地をすばやく移動する部族を追いかけるのには適当でなかった。そのため前4世紀、軍はマニプルス manipulus（歩兵中隊）制を

ローマ全軍。中央に軍団、両翼に補助軍、さらにその両端に騎兵隊が並ぶ。

ガイウス・マリウス像と考えられている胸像。マリウスの改革は、軍にとどまらず非常に広範囲に影響を及ぼした。ローマ史的に見てよい影響ばかりであったとは言いがたい。

マニプルス軍団の復元図。兵士を密で半自律的な塊に配列することによって、軍団の柔軟性は大いに高まり、堅固だが機動性に欠けるマケドニア軍のパランクスなどを叩きつぶすのに有効だった。

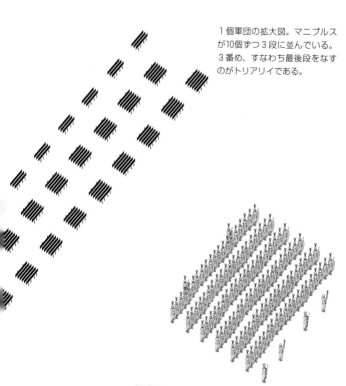

1個軍団の拡大図。マニプルス
が10個ずつ３段に並んでいる。
　３番め、すなわち最後段をなす
のがトリアリイである。

　1個マニプルスは２個百人隊（ケントゥリア）から構成され、1個ケントゥリアは60名の兵士
からなる。それぞれのケントゥリア（ケントゥリエ）の先頭には百人隊長と旗手が立っている。

採用した。マニプルスを構成するのは「ひと握り」の兵士（ラテン語の「マヌス manus（手）」から）――具体的には120名の兵士である。マニプルスは3段に分かれて戦っていた。

　先頭のマニプルスはハスタティ hastati（「槍を持つ」の意）といい、経験の乏しい新兵からなる。経験がないからこわいもの知らずだし、若いから平気で生命を危険にさらす。このマニプルスの兵士が持つ武器は剣と、今日でも軍団で好んで用いられる投擲武器――重くて射程の短いピルム pilum（投槍）である。

　2段めのマニプルスはプリンキペス principes（「リーダー」の意）である。この兵士たちは生命あっての物種とわきまえていて、それだけにずっと真剣に戦う。生きて妻子の顔を見るには、勝利を収めるのが最も確実と経験からわかっているからだ。軍装はハスタティの兵士と同様だが、もっと上等の鎧を着ていることが多い。

　最後尾はトリアリイ triarii（「3列めの古参兵」の意）で、歴戦の古参兵からなる。パランクス時代の長槍で戦い、前の2段が崩れたあとに戦列を維持することになっている。「トリアリイの出番」という言葉が、今日でもあとのない崖っぷちの事態を意味するのはそのためだ。

前100年

　共和政時代に守られていた古い体制は、民衆派の将軍ガイウス・マリウスによって打破された。マリウスは兵力の不足に苦しんでいた。このころのローマは、ヌミディアで

拡張主義的な戦争を続けるいっぽうで、北方ではゲルマン民族との防衛戦に備えなくてはならなかったのだ。マリウスは財産制限を撤廃して、軍装を国家負担で支給することにした。軍団を象徴する第一のしるしとして、ユピテル神を表わすアクィラ aquila（鷲旗）を与えるという伝統は、マリウスが創始したものだ。彼は軍団の構成を整えて、コホルス cohors（歩兵隊）を中心とする基本的な戦闘隊形を作りあげ、これは今日もそのまま守られている。

　すぐれた将軍ではあったが、マリウスは自分の決定が及ぼす影響をよく考えていないことが多く、彼のおこなった制度変更は短期的な問題の解決にはなったものの、未来にさらに大きな問題を積み残すことにつながった。いったん国が兵士に装備を支給しはじめると、軍の脱地方化が起こった。地方の小農だけでなく、都市部の貧困層からも軍団兵が集められるようになったからだ。都市出身の新兵は、田舎に帰って収穫を手伝う必要がないから、多くはそのまま軍にとどまって毎年再入隊をくりかえす。将軍たちにとってはありがたいことだ。ローマは、ギリシアやスペインなどへ遠征に出るようになっていたからである（毎年、戦役の季節の始まりまでに軍が戦争地帯に到着できるように、1年の始まりは1月に繰りあげられた。これは以来そのままである〔かつてローマでは3月が1年最初の月だった〕）。ただし問題は、毎年入隊して20年ほどたったあと、年老いた兵士は兵役をこなせなくなり、当然のことながら年金を国に期待するようになるということである。

✦✦✦

わたしはクルストゥミナ族のスプリウス・リグスティヌ
ス、サビニ人の血を引く者です。父は半エーカーの土地とわ
たしの生まれ育った小さな家を遺してくれました。わたしは
いまもその家に暮らしています。……わたしは軍で22年の兵
役を務めあげ、いまは50歳を超えました。しかし、たとえ兵
役をまだ終えていなかったとしても、そしてまた年齢がその
理由にならなかったとしても、やはりそろそろ除隊するのが
適当であろうと思います。

——リウィウス『ローマ建国史』42・34

✦✦✦

前80年

　この場合の「国」とは、必要な法制を提案する執政官の
ことである。コンスルというものは、遠征から凱旋したばか
りの将軍たちに義理がある——というより、実際にはその
将軍がコンスルであるという場合が多いから、兵士たち
は除隊後の世話を将軍に期待するようになった。イタリア
の政治状況はますます悪化し、将軍たちの重要性は高まる
いっぽうだ。内戦の危機が迫っているときに、失業したばか
りの多数の兵士たちを怒らせるのは賢いことではない
と、政治家たちはすぐに気がつくことになった。なにし
ろ、激しい戦闘を何度もくぐり抜けてきた猛者ぞろいなの
だ。よい農地を与えて退役兵の集団を平和的に引退させる
ことは、スッラやポンペイウスなどの将軍たちにとって最
重要課題となった。それによって退役兵に恩を売れるとい
うのも、大きな理由のひとつだった。そういう退役兵は、

コホルス

コホルスはそれぞれ百人隊6個からなる。百人隊の定数は100から80に減らされているため、コホルスの定数は480名ということになる。480名のコホルスが10個で1軍団であり、1軍団の定数は6000名である。この給与つき部隊に職を求める者は、上記の数字の不一致に気がついているだろう。CDLXXX（480）にコホルス数のXをかけてもMMMMMM（6000）にはならない。じつは、余計に数が増えて6000名になっているのは、第1コホルスが定数約2倍の800名の部隊だからであり、またさらに言えば、6000名というのは最大数で、料理人や補欠部隊まですべて含めた数なのだ。実際には軍団はつねに慢性的な定員割れを起こしているので、おそらく4800名というのが、平均的な軍団の兵士の実数に近いと思われる。

必要とあらばふたたび剣をとって恩返しに馳せ参ずることをためらわないからである。

+ + +

彼［オクタウィアヌス］は20歳でコンスル職をつかみとった。威嚇の手段として市［ローマ］のすぐそばに軍団を宿営させ、軍の名において使者を送り、彼をコンスル職につけるよう要求したのである。元老院がためらっていると、使節団長のコルネリウスという百人隊長が、あつかましくもマント

の前を開いて剣の柄をあらわにした。そして「元老院が拒むなら、これが彼にコンスル職を与えるだろう」と言った。

——スエトニウス『アウグストゥス伝』26

✝✝✝

前31年

　政治的危機は、前49年から前31年までの18年間に頂点に達した。この間にポンペイユスの軍とカエサルの軍とが戦い、次いでオクタウィアヌス（のちのアウグストゥス）とマルクス・アントニウスが戦った（ローマの三頭政治からの壮大な勝ち抜き戦——いわゆる「内戦」——の詳細については、アッピアノスの歴史書にくわしい）。この18年間の内乱の時代、50万近い兵士が軍に駆り出されたと推定される。死亡や除隊や脱走によって数がおよそ半減したと仮定しても、60個軍団がまだ勤務についていたことになる。帝国のほかの場所で勤務していた兵士を別にして、前31年のアクティウムの海戦で内戦がクライマックスに達したとき、そこに参加していたのは47個軍団だった。マルクス・アントニウ

マルクス・アントニウスの１デナリ銀貨。アクティウムの海戦の直前に発行されたものだが、未来を予見していたのか、戦闘用に艤装された三段櫂船が描かれている。アクティウムのころには、軍団の数はローマ史上最高に達していたが、兵士の多くはただ見物していただけだった。帝国の命運は海上で決せられたからだ。

スおよびクレオパトラの軍を相手に、オクタウィアヌス軍が世に知られた世界の支配権をめぐって戦った、それがアクティウムの海戦だ。戦場の煙が晴れたとき、最後に残っていたのはオクタウィアヌスだった。彼はアントニウスの兵士を自軍に加え、世界にかつて存在した最大の軍のひとつを受け継ぐことになったのである。

アウグストゥスによる解決

超巨大な軍には数々の利点があるものの、克服しがたい欠点がひとつあった。ローマの国家にはそれを養うだけの財力がなかったのだ。当時から100年以上もたつ現在ですら、軍は国庫にとって最大の金食い虫だ。なにしろその経費は、道路などの建設作業（これはいずれにしても軍隊がやることが多い）と合わせると、その他の政府の支出をすべて合わせたより大きいのである。オクタウィアヌスは軍を短期間で縮小しなくてはならず、解雇されたと恨みを買わないような方法で、10万もの兵士を除隊させなくてはならなかった。

その解決法は、いかにもローマ一抜け目のない政治家らしいやりかただった。オクタウィアヌスには迷いも情け容赦もむだもない。彼は裕福なイタリアの共同体から土地を奪い、それをもと兵士に分配した。イタリアには不満の声が渦巻いたが、土地を乗っ取られた相手がもと軍人とくれば、強硬に抗議するのはあまり賢いことではなかっただろう。ホラティウス——第1章でも取りあげた、兵士出身の

詩人——も初期の詩では、故郷の町に苦しみをもたらした退役兵による植民を激しく非難していた。しかしその他多くの人々と同様、しだいに筋金入りの政府支持者に転向していく。帝国の平和という利益はそれほど大きかったのだ。

またこのときは、除隊する兵士たちの多くが、帰郷を強く望む徴募兵だったのも有利に働いた。それに豊かなエジプトを征服したおかげで、土地——イタリアまたは帝国政府が海外に建設した植民市の——を望まない兵士には、現金でボーナスを与えることもできた。オクタウィアヌスは兵役に服する軍団の数を60から28に減らし、短期的には何十万セステルティウスも費用がかかったものの、長期的には莫大な経費節減を実現した。

後6年以降、兵士の退役後の植民という問題に関しては、アエラリウム・ミリタレ Aerarium Militare（軍用基金）の創設によって現在の基盤が築かれた。アウグストゥス（このころにはオクタウィアヌスはこう称していた）は自分のふところから1億7000万セステルティウスを出して基金を創始し、その後はローマ市民に寄付を強制して基金の存続を確保した。つまり、競売での1パーセントの売上税、5パーセントの遺産税を通じて資金を集めたのである（また、ローマの国庫に納められる2パーセントの普通税もある。すでに見たように、軍は国庫からも多額の資金を提供されている）。

市民兵士からなるセミプロの軍隊を再編して、常設の正規軍を作ったのはアウグストゥスだ——と言ってしまって

はやや嘘になる。ユリウス・カエサル以前から軍の再編は始まっており、アウグストゥスの時代には、すでにその過程をへてローマ軍はしだいに整えられてきていたからである。しかし、それをさらに整えて制度として確立させたのはまちがいなくアウグストゥスであり、彼の死後に残された軍が、西暦100年の軍とだいたい同じだったのは確かである。

兵役期間を20年と定めた（すぐに25年に延長される）のはアウグストゥスであり、その期間中に兵士が結婚するのを禁じたのもアウグストゥスだ。また、除隊時におよそ14年ぶんの給与に相当する年金がもらえるようになったのも、やはりアウグストゥスの決定のおかげである。

どの軍団を選ぶか

軍団が新兵を補充するのはだいたいにおいてその担当地域からであり、それはたいていその軍団が配置されている属州である。したがって、入りたい軍団が決まっているなら、どこで志願するかが重要になってくる。というわけで、ここではどの軍団がどこへ行くかをざっと説明し、それぞれの軍団の歴史についても簡単にふれる。軍団が第Iから始まって第XXVIIIまで順に創設されてきたのなら話は簡単なのだが、歴史のいたずらでさまざまな歪みが生じている。

第1に、アウグストゥスによる解決以前から、すでにかなり長い歴史をもつ軍団もいくつかあった。そういう軍団

は、騒乱の時期をくぐり抜けて独自のアイデンティティや伝統を築きあげていたのである。なかにはマルクス・アントニウスの側について戦ったのち、解隊されないことを条件としてようやく降伏した軍団もある。第X、XIII、XIV軍団が、いずれも「双児」を意味するゲミナの名を持つのはそのためだ。つまり、アウグストゥス軍とアントニウス軍に同じ番号をもつ軍団が存在したから、そのふたつを合体させた結果としてその名を与えられたのだ。

第XVII、XVIII、XIXの軍団に入隊を望むなら、ゲルマニアのテウトブルギウム（トイトブルク）の森の奥深くに分け入り、短剣で自殺するしかない。これらの軍団は裏切り者アルミニウスの待ち伏せ攻撃を受けて、後9年にここで全滅したからである。この番号は2度と使われることはなかった。もっとも、それ以後軍団が増やされなかったわけではなく、後39年にはカリグラが軍団2個を新設している。この2個軍団はそれぞれ第XVプリミゲニア、第XXIIプリミゲニアと名づけられたが、この「プリミゲニア」という名はおそらく、ユピテルの最初の子とも言われる女神フォルトゥナ・プリミゲニアにちなんでいるのだろう。第XVプリミゲニア軍団は後69年に敵に降伏し、その他数個軍団とともに不名誉な解隊の憂き目を見た（この時期の反乱や戦争の歴史については、歴史家タキトゥスの著作を読もう。この時期、複数の軍団が不名誉にも軍団のリストから抹消されている）。

後66年ごろ、ネロはカスピ海周辺地域を征服しようと遠

征を企て、軍団リストに第Ⅰイタリカ軍団を加えた。「イタリカ」と名づけたのは、兵がみなイタリア人だったからだ。しかし後68年に内戦が始まり、もう少し軍の支持が必要になったネロは、ミセヌム（第3章参照）の艦隊から水兵を再入隊させて、もうひとつ軍団を立ちあげた。これが第Ⅰアディウトリクス（「支援の」の意）軍団である。

　後100年の軍のリストは以下のとおり。これは内戦やら軍の解隊やら、新兵徴募やら再編やらが終わったあとのものである。

第Ⅰアディウトリクス——この軍団には、ウビクェ ubique（遍在）というすばらしいモットーがあり、これまでイタリア、ダルマティア、モエシアで勤務してきた。この軍団に入隊すれば、きたるダキアやパルティアとの戦争でも、帝国軍旗のもとで激戦に参加することが期待できる。

第Ⅰミネルウァ——名称からわかるように、この軍団を創設したのはドミティアヌス帝〔在位81-96〕（ミネルウァを守護女神として崇めていた）である。創設されて20年にもならない新しい軍団だ。戦ってきた地域は第Ⅰアディウトリクスと同じで、きたる戦争にも同じく投入されることになる。

第Ⅱアディウトリクス——第Ⅰアディウトリクスと同じく、最初はもと水兵を集めて作られた。ウェスパシアヌス〔在位69-79〕が皇帝の位をかちとる手段のひとつとして創設した軍団で、すぐにレヌス西岸（ラインラント地方）の戦

闘に投入され、次にはブリタンニアに送られた。いまのウェールズとスコットランドにあたる地方で戦ったのち、ダキアとの国境地帯に移され、この好戦的な王国の兵士にこてんぱんにやっつけられた。いまはシンギドゥヌム（ベオグラード）に駐屯していて、新兵徴募はおおむね地元でやっている。この軍団で時機をうかがっている将校に、若きププリウス・アエリウス・ハドリアヌス（のちのハドリアヌス帝）がいる。輝かしい将来が約束されているともっぱらの評判である。

第Ⅱアウグスタ――もともとスペインの軍団だったが、後43年以降ブリタンニアに移された。いまではイスカ・ドゥムノニオルム（現エクセター〔イングランド南西部〕）で英国的気候を耐えしのんでいるが、とうぶんよそに移されることはなさそうだ。軍団の紋章は山羊座のしるしで、これは山羊座生まれのアウグストゥスによって再編されたことを示している。

第Ⅲアウグスタ――山羊座のしるしが有翼の馬ペガサスに変われば、帝国をひとっ飛びにしてずっと陽光に満ちたアフリカが駐屯場所になる。ここではさほど戦闘はなく、たまにベルベル人という砂漠の騎馬部族と小ぜりあいがある程度だが、なかなかけっこうなデートを楽しめる。ナツメヤシという果物の意味でも、また地元の娘との約束という意味でも。

40

第Ⅲキュレナイカ——ピラミッドで有名な異郷の地にあこがれているなら、ここの兵舎にあきを探そう。ただし、スフィンクスはひとつ見ればじゅうぶん、あとはどれを見ても同じだ。ただこれは噂だが、アラビアの併合が計画どおりおこなわれれば、ふだんは暑さとハエと退屈がお供のこの軍団も、がぜん活気づいて実戦に乗り出すことになるかもしれない。アレクサンドリアのユダヤ人とギリシア人とエジプト人が、またぞろ自分たちの都市を破壊しようとし、お互いを滅ぼそうとしはじめるだろうから。

第Ⅲガリカ——もとはガリアの軍団だったが、いまはシュリアを根拠地にしている。雄牛の軍旗を掲げるこの軍団

山羊座のしるしとペガサスはそれぞれ第Ⅱ、第Ⅲアウグスタ軍団の紋章だが、この第Ⅱアウグスタ軍団の銘板には両方とも刻まれている。動物を紋章とする軍団は多く、ガリアの雄牛はユリウス・カエサルに従って遠征した軍団であることを示し、また近衛軍はサソリを紋章にしている。

は、東ではパルティアとの戦争を、西では再発確実のユダヤの反乱で暴れるときを待ち構えている。活気にあふれた——ついでに殺気にもあふれた軍隊生活がお望みならお勧め。

第IVフラウィア・フェリクス——もともとはマケドニカと称していたが、ウェスパシアヌスによって改名された。雄牛の紋章からわかるように、カエサルの創設した軍団である（カエサルの軍団はガリアで戦ったが、ガリアでは雄牛形の神が信仰されていたから、雄牛の紋章はそこから来ているのかもしれない）。オクタウィアヌスがアウグストゥスとなる以前の困難な時代、この軍団は彼を早くから忠実に支持してきた。後69年の内戦のさいには、反抗的なゲルマン人部族を押さえ込もうと雄々しく戦っていたが、のちには敵に寝返った身内の軍団兵のせいで大きく面目を失墜した。軍団名に入っている「フェリクス」の語は「幸福な」とか「幸運な」という意味だが、これはいまでは、この軍団が生命拾いをした——職務怠慢で解隊されてもおかしくなかったのに——ことを表していると思われているしまつである。

第IVスキュティカ——もともとは、マルクス・アントニウスが黒海北部から兵を集めて創設した軍団である（黒海北部地域は「スキュティア」と呼ばれ、「スキュティカ」は「スキュティアの」を意味する形容詞）。アクティウムの海戦ののち、忠誠を誓う相手をアウグストゥスに替え、紋章にアウグストゥスの山羊座のしるしを採用した。第 XII フルミナ

タ軍団と同じく、60年代にはユダヤにもパルティアにも負け、したがってここの兵士はすぐれた戦闘員とは見なされていない。ウェスパシアヌス帝は、しつこく尋ねられると、若いころこの軍団に属していたことを恥ずかしそうに認めたものだった。ただし、道路建設部隊としてはたいへん評判がよい。

第Ⅴマケドニカ——この軍団は敵の選びかたがうまい。帝国北東部じゅうで蛮族と戦っているが、後68年の第1次ユダヤ戦争のときは、短期間ながらユダエア〔ユダヤのラテン語名〕にも遠征している。きたるダキア戦役では最前列に立ちたいと狙う者はもとから多く、また第Ⅱアディウトリクス軍団とともに、ダキア人の侵入を撃退してきた実績がすでにある。この軍団も紋章は雄牛。

第Ⅵフェッラタ（甲鉄軍団の意）——後70年にウェスパシアヌス帝即位を助けたのち、この軍団は東に向かった。いまはエウプラテス河岸を根拠地にしており、今後はアラビアの第Ⅲキュレナイカ軍団に合流するか、あるいは後退してユダエアを抑えることになるか、あるいはその両方かもしれない。いずれにしても、これまた先々面白い経験のできそうな軍団ではある。

第Ⅵウィクトリクス（勝利軍団の意）——現在はレヌス（ライン）河畔のウェテラに駐屯している。フラウィア・フェリクス（もとマケドニカ）その他の軍団が、後69〜70年の戦

争で救いがたく面目を失ったため、そのあとを引き継いだのである。おもに守備隊の役目を果たしているが、小規模な襲撃をやったりやられたりしてゲルマン人と戦うこともある。レヌス西岸（ラインラント地方）を預かる将軍は、ときどき帝位を狙おうという山っ気を起こすことがあるから、ほかにローマ急襲という仕事が増える可能性もある。

第Ⅶゲミナ——この軍団出身者で、最も有名なのは現皇帝トラヤヌスである。後89年に軍団長を務めた。「双児」と名づけられたのは、解隊された第Ⅰゲルマニカ軍団と第Ⅶヒスパニア軍団を合わせて作られたからだ。ただ、もとヒスパニア軍団だった兵士たちはあまり遠くへ移されることにはならず、いまもイベリア半島に駐屯したままだ。ここは帝国で最も平和な属州のひとつだから、この軍団に入って期待できるのは、たまに山賊の見まわりに出るとか、守備隊任務とか、昼寝の技術を開発するぐらいである。この軍団はずっとここにいっぱなしだったため、あとに「レ（ギ）オン」という名の町〔スペイン北西部の都市〕を残すことになるほどだ。

第Ⅶクラウディア——この軍団が初戦を飾ったのは150年以上も前、ユリウス・カエサルに従ってガリアで戦ったときだ。内戦になったらこの軍団に注目しよう。なにしろ、ここが支持した側がこれまでかならず勝っているのである。スペインとパルサロスではカエサルについてポンペイユスと戦い、ピリッピではカエサルの後継者オクタウィアヌス

のもとで戦っている〔オクタウィアヌスとアントニウスの連合軍がブルートゥスらを破った戦い〕。後42年にはダルマティア〔アドリア海東岸地域。ダルマティア人は好戦的な部族で反乱が絶えなかった〕にあってこの地の反乱を鎮圧し、それから「ピア・クラウディア・フィデリス」――「忠実にして頼れるクラウディア」と呼ばれるようになった。またウェスパシアヌスの即位を支持し、後69年のクレモナの戦いでの勝利にも貢献した。きたるダキア戦役では先鋒を務めるだろうと予想されている。

第Ⅷアウグスタ――この歴史ある軍団は、最も厳重に守られた軍の機密のひとつである。第Ⅶクラウディア軍団と同じくカエサルの創設した軍団で、いまはアルゲントラトゥム（ストラスブール）に駐屯している。ヨーロッパ全土にまたがる帝国を任された兵士らが、地元の美酒や佳肴に溺れてのらくら過ごしていることに憤慨する者もいるが、静かで平和な日々がそれで保てるなら安いものだと考える向きもある。

第Ⅸヒスパニア――この軍団の非公式なモットーは「ボウディッカの名を口にするな」である。ボウディッカはブリタンニアの女王にして戦士で、後60～61年の反乱のさいにこの軍団をしたたかにやっつけたのだ。古参兵士のなかでも神経が細い者は、いまだにホソバタイセイ〔インディゴ染料の原料となる植物。止血効果があり、ブリタンニアの兵士はこの染料を身体に塗って戦場に出た〕を見ただけで気絶する

と言われているほどだ。もっとも現在では、この軍団の最大の敵はブリタンニアのじめじめした気候であり、またそれが原因のリウマチだ。平和になってから、軍団はリンドゥム（現リンカーン〔イングランド北東部の都市〕）からエボラクム（現ヨーク〔同じくイングランド北東部の都市、リンカーンより北寄り〕）へ移動した。何年ものちにこの軍団はブリタンニアから出ていくが、いつのまにかいなくなっていたため、いったいどうなったのかと多くの人々が首をかしげ、「失われた軍団」として伝説に残ることになる。

第Xフレテンシス——地中海東部をあちこち移動したあと、この軍団はいまヒエロソリュマに駐屯している。後66～68年の反乱後、煙のくすぶるイェルサレムの廃墟にローマ人が建設した都市である。ずぶとい性格——自分が通り過ぎたあと、背後の影に地元民から唾を吐きかけられても気にならないぐらい——の人にはお勧めの軍団だ。当時の将軍ティトゥスなどは、ユダヤ人の王女とつきあうことになった。地元の守備隊の兵士にそんな幸運は望めそうにないが、少なくとも皇帝から同情はしてもらえるだろう。ユダヤ人の反乱のさい、トラヤヌス帝の父はこの地で軍団を指揮していたから、ここで兵士がどんな目にあっているかトラヤヌス帝も知っているのだ。

第Xゲミナ——もともとはカエサルの軍団のひとつ（前55年、彼に従ってブリタンニアに侵攻した軍団でもある）で、三頭政治の一翼をになったレピドゥスにより内戦にそなえて

再編されたが、すぐにアウグストゥス支持に鞍替えした。スペインでのんびりしたあと、最近になってレヌス西岸に移された。大工仕事に興味がある向きにはよい軍団。国境沿いに砦や壕を造るために、いまはノコギリとツルハシで戦っている。

第XI——公式にはこれまた「ピア・クラウディア・フィデリス」軍団だが、ほとんど名なしの便利屋軍団である。ウィンドニッサ（スイスの）に駐屯していたときには、西に向かってウェスパシアヌスの即位を助けたり、また後70年には、マケドニカ、第XV プリミゲニアなどの軍団が敵に寝返ったことによる混乱を収めたりしている。いまはバルカン半島に駐屯しているが、パンノニア〔ヨーロッパ中部、ドナウ河南・西方のローマの属州〕の軍団がダキア遠征に出たあとは、そこの守備隊勤務を引き継ぐことになるかもしれない。

第XII フルミナタ（雷電軍団の意）——シンボルは雷電だからさぞやと期待すると、その期待は大きく裏切られる。後62年にはアルメニア征服に失敗し、パルティアに降伏し、さらに後66年にはユダヤの反乱軍に鷲旗を奪われた。しばらくカッパドキア東部（現トルコ）で過ごし、ここならどんな危険も寄りつくまいと安心していたが、その後さらに東に送られて、いまはエウプラテス川のそばに駐屯している。

第XIII ゲミナ——これまたゲミナ軍団のひとつ。シンボル

絶望のカストラ・ウェテラ

　内戦時代や後69〜70年の反乱の時代、多くの軍団が不名誉な役割を演じ、いまになってその過去を忘れたいと思っているが、とくにそれがはなはだしいのは、カストラ・ウェテラ（現ドイツ・クサンテン）〔「カストラ」は「陣営」の意、「ウェテラ」は由来不明の固有名詞。〕での大敗に関わった軍団だ。レヌス川流域に住むバタウィ族は、一族の指導者でローマ市民権を得ていたユリウス・キウィリスに率いられて蜂起した（少し前に兄をローマ人に処刑されたため、当然ながらキウィリスは遺恨を抱えていたのだ）。第Ⅴアラウダエ、第ⅩⅥガリカ、第ⅩⅤプリミゲニアの3個軍団は乱の鎮圧に失敗。第Ⅳマケドニカと第ⅩⅩⅡプリミゲニアが、第Ⅰゲルマニカと合わせて投入される事態に発展した。

　第Ⅴアラウダエと第ⅩⅤプリミゲニアは、カストラ・ウェテラの軍団陣営を包囲され、キウィリスに寝返った。救援のため行軍してきた第Ⅰゲルマニカおよび第ⅩⅥガリカも、同じく降伏する破目に陥った。ローマに残る兵力のかなりの部分を投入して、ようやくその後の混乱は収拾を見る。事態が落ち着いたとき、第ⅩⅤプリミゲニアはただちに解隊された。第Ⅴアラウダエは、同じ運命に見舞われるのをからくもまぬがれたが、のちにダキア軍によって粉砕された。第ⅩⅥガリカおよび第Ⅳマケドニカは、ふたつ合わせて第ⅩⅥフラウィア・フィルマと改称され、第Ⅳフラウィア・フェリクスおよび第Ⅰゲルマニカは、第Ⅶ軍団とまとめられて第Ⅶゲミナとなっている。

はライオンである。この軍団の最も輝かしい瞬間は前49年、カエサルに従ってルビコン川を渡り、内戦の火蓋を切ったときだ。アウグストゥスによって再編成され、ほぼそれ以来変わらずダヌビウス川地域に駐屯している。短期間ながらイタリアに進軍し、後69年にウェスパシアヌスの皇帝即位を助けるために第Ⅶクラウディア軍団とともに戦ったが、そのメンバーは基本的に非常に優秀なダキア人戦士である。

第ⅩⅣゲミナ——反乱鎮圧のスペシャリスト。後43年のブリタンニア侵攻に参加し、後61年にボウディッカを下して皇帝ネロに気に入られ、褒賞として「勝利のマルス軍団」の称号を与えられた。その後ゲルマニアに送られ、後70年の騒動後の秩序回復を助けた。支持する側をまちがったことが1度だけある。後89年、総督サトゥルニヌスが帝位への野心から反乱を起こしたとき、それを支持するという過ちを犯したのだ。いまはウィンドボナ（現ウィーン）に移動中だが、きたるダキア戦役に加わるべく分遣隊が数個準備を進めている。

第ⅩⅤアポッリナリス——アポッリナリスの名は、創設者アウグストゥスの守護神アポッロにちなんでつけられたもの。もともとはウィンドボナ（第ⅩⅣゲミナ軍団がいま移動中の）に置かれていた。第ⅩⅤアポッリナリス軍団はユダヤ民族の反乱に際して激戦を経験しており、現在はパルティアの実力のほどを確かめてくれようと準備を進めて

いる。

第XVI フラウィア・フィルマ——後70年の惨敗で不名誉をこうむった軍団のひとつ。名称は「フラウィウス〔ウェスパシアヌスの開いた王朝〕の堅き守り」の意だが、不甲斐なくも敵に降伏した第XVI ガリカ軍団の後身であり、その前身よりはましな働きをすることが期待されている。この軍団は再編されたあとシュリアに移された——そしてもっともなことながら（なにしろ兵の多くはガリア人だから）、これはウェスパシアヌス帝による懲罰ではないかと疑っている。きたるダキア戦役では、名誉回復の機会が訪れるだろう。

グナエウス・ムシウスの墓標。17歳で軍団に入隊、15年軍役を務めたのち32歳で死去。第XIV ゲミナ軍団の旗手を務めたとあって、盾の紋章、軍旗、褒賞として得たトルクが誇らしげに描かれている。墓標を立てたのは彼の兄弟であった百人隊長。

第XVIII、XIXが欠番になっているが、これは後9年にトイトブルクの森で壊滅した軍団が、2度と再編されなかったためである。

Requiescant in pace.（安らかに眠れ）

第XX ウァレリア・ウィクトリクス——「勝利の剛勇」をモットーとするこの軍団は、カレドニア〔スコットランドの古称〕人征伐に勝利を収め、いまは栄誉を味わっているところだ。ブリタンニアに駐屯する3個軍団のひとつだが、ちなみに面積あたりの守備兵数という点では、ブリタンニアは帝国随一である。ユダエアより多いというのはちょっとしたことだ。ウァレリア・ウィクトリクスは評判のよい軍団だが、近い将来に戦争に駆り出される見込みはない。しばらくはブリタンニアにとどまることになりそうだ。

第XXI ラパクス——「ラパクス」とは「捕食者」の意。後69年にはウェスパシアヌスを支持して成功したが、後89年には負け組に肩入れしてしまい、属州総督サトゥルニヌスをローマ皇帝にかつごうと反乱を起こしてみごとに失敗した。いまはドナウ川下流域で守備隊勤務をこなしており、汚名の記憶が薄れるまで、さらに10年か20年はここにとどまることになりそうだ。

第XXII デイオタリアナ——ローマ外に起源をもつ特異な軍団。ガラティア〔小アジア中部の国〕王デイオタロスが創った2個軍団が母体となり、ローマふうに編制された。ロ

第XX軍団の猪の紋章。猪はケルトの戦闘のシンボルだが、この素焼きの粘土の形から、これが軍団の窯で作られたアンテフィックス〔瓦飾り〕であることがわかる。兵舎の湾曲した屋根瓦の下から風が吹き込むのを防ぐためのものである。

ーマ軍の模倣として大成功を収めたので、アウグストゥスによって正式な軍団として編入された。第Ⅶゲミナ／ヒスパニア軍団と同じく、このデイオタリアナ軍団もその発祥の地から遠くへ移されることはなく、いまは第Ⅲキュレナイカとともにアレクサンドリアで反乱鎮圧の腕を磨いているところである。

第XXⅡプリミゲニア——後69年の内戦のさい一貫して負ける側に味方してきて、多少の罰を受けたのち、レヌス河畔の国境地帯の守備隊任務に戻ってきた。この軍団のメンバーは屈強なゲルマン民族の戦士であり、3世代前からこの軍団を支えている。サトゥルニヌスによる帝位簒奪の企てを阻止するのに協力し、ドミティアヌス帝から「忠実にして頼れる」という称号を賜わった。いつも同じこと（ゲルマン人を殺すこと）をしているのが好きという人にはお勧めだが、ただしそれがうまくなくてはいけない。

第3章

その他の軍種

**conare levissimus videri, hostes enim fortasse
instrumentis indigeant**

とるに足りない外見を装え
——敵は矢玉が尽きかけているかもしれない。

ーマ軍には軍団しかないわけではない。というより、人によっては軍団よりふさわしい部隊がほかにあるかもしれない。以下ではそのような部隊について紹介するので、希望に燃える新兵候補者は考慮されたい。ただし部隊によっては、だれでも入れるというわけではないので注意。どの部隊に配属されようとも、兵は統合されたひとつの軍の一部であり、さまざまな部隊に補完され、支えられていることを忘れてはならない。

騎　兵

利点

1　馬のうえから戦うと箔がつく。かつてのローマ貴族はこれで戦っていた。

2　馬に乗れるのに歩く必要があるか？

3　どんな戦闘でも騎兵はたいてい予備である。

4　市民でも非市民でもなれる。

5　遠征中に状況がはなはだ悪化したときは、馬1頭ぶんの肉で数週間は食える。

難点

1　装備が多いので、清掃や保守が大変。

2　馬の世話や糞の始末も必要。

3　パルティア人騎兵はおおむねローマ人騎兵より優秀。

4　サルマティア人騎兵も同じく。

5　またガリア人騎兵もそうだし、ゲルマン人やヌミディア人や……

✝✝✝

　　古い時代には、［ローマ人は］甲冑なしで戦っていた。……そのため白兵戦になると重大な危険にさらされ……槍は非常に軽量で曲がりやすく、馬の動きで跳ね返され、まっすぐ投げることができないだけでなく、戦闘で使用する前に折れることすらあった。……盾は牛革製で、攻撃で使用するには柔らかすぎ、雨に濡れると腐ったり剥がれたりし、役に立たないどころかむしろ荷厄介になっていた。

　　　　　　　　　　　　——ポリュビオス『歴史』6・25

✝✝✝

馬には乗ってみよ

　ポリュビオスが上のように書いたのは共和政ローマ初期の話で、そのときから状況はだいぶ変わっている。これは、自国の騎兵の劣勢という問題をローマ人がよけて通ってしまったせいも大きい。つまり、すぐれた騎馬能力を持

つ民族にその仕事を請け負わせたのだ。騎兵の技能も必要性も帝国の地域ごとにさまざまだから、騎兵部隊はローマ軍のほかの部隊よりずっと多様性に富んでいる。

　その例として、東方の属州の騎兵について考えてみよう。同じ馬上の敵でも、ここには大きく異なる2種類の敵がいる。第1は軽装の弓騎兵だ。馬にまたがったままふり返り、背後の敵に矢を射かけてくるという騎兵たちである。これが有名な「パルティア式射法」で、おかげで攻撃してくるときはもちろん、逃げていくときですら危険な相手だ。第2は、同じ地域で生まれた恐るべきカタフラクトだ。重装の騎兵だが、騎手に劣らず騎馬ももものものしく甲冑を着けている。いずれにしても、ローマ騎兵は非常に多種多様な敵と戦うという難題に取り組んできた。たとえばヌミディアの砂漠では、機動性が高く手ごわいベルベル人に対しては、投石器が有効であることがわかっている。

✝✝✝

　兄弟ヘラクリデスへ。以前の手紙にも書きましたが、パウサニアスは軍団に入隊を希望していました。それが今度は騎兵隊に入隊することにしたというのです。……私はアレクサンドリアに行き、さまざまな手段やつてを頼り、しまいにコプトス〔ナイル川東岸の町。古代は交通の要衝として栄えた〕の騎兵隊に入れてやることができました。……
　　　　　　——オクシリンクス出土パピルス第1666号

✝✝✝

　馬に乗れるローマ人は、軍団騎兵隊に配属されることが多い。これは軍団に深く組み込まれた部隊で、その隊員は

鎖帷子を着けた騎兵。騎槍を持つ腕が、下腹部を刺突する構えをとっていることに注意。また、軍団兵のものより長剣は長く、兜のネックガードは短いことにも注意。ただしこれは騎兵なので、盛装用の羽毛飾りを取り付ける部分はしっかり用意されている。実用性と民族的な好みから、この騎兵はチュニックを着ずにズボンをはいている。

たいてい軍団兵から引き抜かれている。ティベリウス・クラウディウス・マクシムスの例を見てみよう。マケドニアのピリッピ出身で、ローマ市民権をもち、15年ほど前に入隊した兵士だ。当然のことながら、以前父親が所属していた軍団——この場合は第Ⅶクラウディア軍団だった——を選び、家族のコネで軍団騎兵隊に配属された。のちに第Ⅱパンノニア騎兵隊に転属になり、以来この部隊に所属しているが、いまでは下級将校で、年俸700デナリというけっこうな高給取りになっている。一時期は軍団長を補佐する将校団に属していた——市民権をもつ騎兵は使者として非常に使い勝手がよいのだ——が、いまは 斥候 部隊を率いる身分になっている。この部隊の役目は、軍に先がけてはるか前方に派遣され、特殊な任務を遂行したり、敵の動静について情報を収集したりすることだ。変化と冒険に富む面白い仕事だが、ふつうの軍団兵以上の機敏さと体力が必要になる。

道具と装備

歩兵のあいだでは「騎兵は除隊しても仕事に困らない、すぐに馬丁になれる」というジョークがある。騎兵はたしかに、戦闘中も戦闘の準備中もいつも忙しい。騎兵の装備はおおむねケルト人のそれを手本にしている。この1世紀以上、騎兵隊の屋台骨を支えてきたのはケルト人だからだ。遠征中に持ち運び、維持すべき道具や装備は以下のとおり。

鎧——ふつうは鎖帷子（くさりかたびら）で、型はケルト式のものか、あるいは正規の補助軍で着用されるものかどちらかだ。部隊によっては小ざね鎧が好まれる場合もある。

兜——歩兵の兜とは大きく異なるので、慣れるのに苦労する。馬上での乱戦のさいに頭部全体を保護するデザインになっているのだが、これは歩兵よりずっと後ろからの攻撃を受けやすいからである。また歩兵の兜には襟足を保護するために大きく突出した部分があるが、騎兵の兜にはこれがない。落馬のさいに、この突出部から落ちると首を骨折する危険が大きいからだ。

盾——部隊がどこでなにをしているかによって異なるが、標準的な盾は平たい楕円形のもので、補助軍で用いられているものと同様だ。疾走する馬にまたがって盾や剣や槍や投槍を扱うには、かなりの訓練を積む必要がある。なお、大きなけがをせずに落馬する方法は、通常の訓練のさいについでに練習できる。

長剣——スパタ spatha と呼ばれる。軍団兵の持つグラディウス gladius（第4章「軍団兵の道具と装備」参照）より長く、戦闘が起こりそうにないときは鞍敷の下に突っ込まれていることが多い。

投槍——ローマ軍の騎兵はまさしく飛び道具の発射台だ。白兵戦が始まるまでに、敵に向かって突撃しつつ、投槍す

なわち大型のダーツを10本以上投げるのが騎兵の役割である。

鞍——騎兵にとってことのほか重要な道具は、ローマ軍特有の4本角の鞍である。長剣と同じくケルト人から受け継いだもので、馬上で騎兵が安定を保つための唯一の手段だ——金属製の足乗せ（のちに「あぶみ」と呼ばれる）をぶら下げるというアイデアは、まだだれも思いついていない。しかし、足乗せがないからといって、戦闘中に歩兵と戦わなくてよいということにはならない。鞍は深くてしっかり乗り手を支えてくれるから、槍を腋の下にたくし込んで突き出せば、反動で馬の尻越しに後ろざまに引っくり返る心配はない。

引き具と馬具——これはかなり多い。ローマでは、騎兵隊は見映えが大事とされており、そのためメダルなどさまざまな金属製の装飾がついているから、これを磨かなくてはいけない。また、皮革製品やバックルも手入れが必要だ。

　それから騎兵自身の身の回り品があるし、そのほかに馬じたいの手入れと世話もある。

　戦場では、騎兵隊はふつうアラ　ala（翼側）で戦う。中央に陣取る歩兵隊の両側を固めるわけだ。馬は人間より早く疲れてしまうので、どんな戦闘でも騎兵は予備戦力として待機する時間が長い。指揮官は、騎兵の半数以上を一度

に投入しようとはしないものだ。また、敵の部隊が敗走を始めたときに投入されるのもよくあることだ。算を乱して逃げる敵を馬蹄にかけようというのである。馬は人間より分別があるから、敵の歩兵や騎兵が密に並んでいるところへ突っ込んでいこうとはしない。したがって、騎兵隊と騎兵隊が正面からぶつかるようなときは、両軍が散開して突

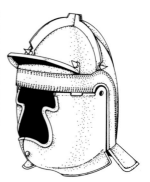

騎兵の兜。ローマの騎兵は、戦闘用や盛装用のほか、さまざまな敵に合わせた兜をかぶっている。この兜の持主は明らかに、頭上からしたたかに殴られるのを予想しており（十字に交差した補強材に注目）、また刀剣などに対する防御策も手厚くほどこされている。しかし、戦闘中の騎兵にとって聴覚は重要だ。耳の部分に穴があいているのはそのためであり、また換気のためでもある。

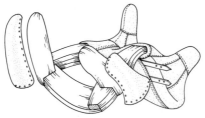

４本角の鞍。骨組みと付属品のみの図。ローマの騎兵は、太腿で万力のように鞍をはさみつけて落馬を防いでいる。両側の角も役には立つが、急いで馬に乗るさいには、降りにくいほどしっかり嵌まり込んでしまわないよう注意が必要だ。

っ込むことが暗黙に了解されている。全力疾走して敵を叩くのは爽快で、しかも決定的なダメージを与えることができる。あるいは、両軍が互いに密集陣形で相手に向かってゆっくり馬を歩かせ、出会ったところで全面的なめった斬り競争を始めるという戦いかたもある。

　駐屯地では、地元民に見世物を提供するのも騎兵隊の仕事のひとつだ。ぴかぴかの鎧を身に着け、無表情のマスクで顔を隠して、速歩で駆ける騎兵隊はほれぼれする眺めだ。筒形のドラゴン旗が部隊（騎兵部隊は「トゥルマturma」と呼ばれる）の頭上にひるがえり、馬の引き具を飾る金属板がしゃらしゃらと鳴る。こんな瞬間には、ローマの騎兵たちも苦労したかいがあったと感じるだろう。何時間もていねいに磨いたり油を差したりブラシをかけたり、さらにその効果を最大限に発揮できるように練習や教練に励んできたのは、まさにこのときのためだったのだ。

✛✛✛

　［歩兵］コホルス付属の騎兵隊の場合、騎兵隊のみで称賛を勝ち得ることはむずかしい。それどころか、補助軍の騎兵隊が機動作戦中により多くの投槍を投げ、より広い敵陣を奪うと、そのあとから行動に出る騎兵隊は、どうしても最初のうち批判されがちになるものだ。

　第VIコンマゲネ・コホルスの騎兵隊に対してハドリアヌスが語った言葉。ランバエシスの銘文から〔コンマゲネはシリア北部地域の名、ランバエシスは北アフリカのヌミディアにあったローマ軍陣営所在地。ハドリアヌス帝がこ

こを訪れておこなった演説が、いまも円柱に刻まれて残っている〕

—— *INSCRIPTIONES LATINAE SELECTAE*（『ラテン語碑文選』）2487

補助軍

利点

1 地元に残れることが多い。
2 軍団にくらべると規律や訓練が厳しくない。
3 専門技術を持っていれば、それを発揮する機会がある。
4 同郷の仲間といっしょに勤務できる。
5 除隊時にはローマ市民権がもらえる。

難点

1 軍団兵より給与が低い。
2 軍団兵ほど年金制度が充実していない。
3 移動があるとずっと戻れないことが多い。
4 補助軍は低水準戦争〔ゲリラ戦や反乱など、通常戦争より規模や程度の低い戦争〕に投入されやすい。
5 軍団より使い捨てにされやすい。

背　景

　馬に乗れず、ローマ市民権を持たず、有力な縁故もなければ、たぶん補助軍に配属されることになるだろう——というか、厳密に言えばもうひとつの補助軍だ。ほとんどの騎兵隊はやはり補助軍だからである。しかし、この語は一

般に、軽装で非市民の歩兵の部隊をさして使われる。および
そ80パーセントの給与で、より危険の大きい仕事をする兵
士たちだ。勤務期間は25年だが、除隊のときには市民権が
もらえるから、16歳で補助軍に入隊すれば、41歳で軍団に
入りなおすことも制度的には可能だ。しかし、軍に20年以
上も所属していたら、軍務へのあこがれなどという迷妄は
さめるものである。

　忘れてならないのは、補助軍はローマ軍の初期の時代か
らほぼずっと存在していたということだ。ただし「同盟
軍」と呼ばれていた時期もあれば、傭兵軍だった時期もあ
る（前2世紀、ローマだけでなくその敵国にも――ときには同
じ戦場で――弓兵を供給しているとして、元老院はクレタを非
難している）。また、補助軍で勤務する兵士の数は、軍団
兵と同じかそれ以上という時期もあったし、これはいまで
も変わっていない。軍にかかわる分野ではたいていそうだ
が、補助軍の制度を整えたのはアウグストゥスだ。とはい
え、軍団にくらべるとその体制ははるかにゆるやかである。

補助軍勤務

補 助軍兵が配属される歩兵隊の場合、所属する480名
　　ほどの兵士はたいてい同郷出身者だ。徴募された場
所から遠く離れた場所で勤務する補助軍兵もいるが（ガリ
アで戦ったときのカエサルの軍にも、スペイン地方の投石手や
騎兵、ゲルマン人の騎兵、クレタ人の弓兵が交じっていた）、
いったんどこかに投入されたら、補助軍はとうぶんそこに
とどまることが多い。欠員は地元で補充されるため、コホ

ルスの兵士の出身地は時とともに変わっていく。たとえば第Ⅰアウグスタ・コホルスは、もともとはヒスパニアのルシタニア〔現在のポルトガルとスペインの一部にまたがる地域〕で創られたのだが、いまはエジプトに駐屯していて、おかげで20名のドロメダリイ dromedarii（ラクダ騎兵）が混じっている。とうぜん、その技術はイベリア半島の山中で身につくものではない。

　ラクダ騎兵隊があることからわかるように、軍団には見られない変則的なところが補助軍にはある。第1に、補助軍は歩兵隊単位で動くので、軍団のような管理組織が存在しない。そのため、ウェクシッラティオ vexillatio——特殊な目的でそのつど編制される小部隊——としてたいへん使いやすい。たとえば小さな属州では、収税人がおおぜいの蛮族に立ち向かっているとき、その収税人の背後でぶらぶらしていることが大事な仕事だったりする。補助軍はまた、武器や甲冑の面でもかなり自由度が高い。要するに、弓矢の腕で名高いシュリアの兵士に、槍や短剣で武装させてどうするということだ。なにせ、東方に遠征する軍団は軽装の弓騎兵に大いに悩まされているわけで、弓兵の存在は歩兵部隊にとってはまさに天の恵みなのだ。

　この柔軟性のためだろうか、ローマ市民権を持っているのに、軍団ではなく補助軍を選んで入隊する者もいる。属州で育って、幼なじみらとともに騎兵になろうという者はとくにそうだ。しかし、市民権があって軍団兵になる資格がありながら、補助軍のペディテス pedites（補助軍の歩兵隊はこう呼ばれている）に入隊する者もいる。〔↗74頁に続く〕

左　鎧を磨く。鎧を良好な状態に保つにはしょっちゅう磨かなくてはならず、出陣中はのらくらしているひまはない。雨風を受けるし、生き残った地元民を威圧するためにも、鎧はふだん以上にぴかぴかに磨かなくてはならない。またあまり気づかれていないが、血や汗は鉄を腐食させるという問題もある。

下　陣営を解体する。行軍に出る準備をしている軍団兵たち。陣営の堡塁の上に立てる杭は天幕とともにロバに背負わせるが、軍団兵とロバとどっちがもっと多く運ぶべきか、これについては議論がたえない。

前頁上 「これでも食らえ、この木柱め、こんちくしょう！」身体が反射的に動くようになるまで軍団兵は戦闘訓練をくりかえす。その向こうでは、仲間たちが穂先を皮で覆ったピルムを投げている。

上 行軍中、規則違反を犯した兵士を折檻する百人隊長。軍団兵はマントの下に鎧を着けているから、棒はこわくはないものの、百人隊長はほかにも罰する手段をごまんと持っているのだ。

下 ローマ軍の約4％、すなわち1個軍団が閲兵式の陣形をとっている。左側の第1コホルスは兵員2倍で、先頭にアクイリフェルと旗手が立っている。右には軍団騎兵隊が見える。

上　昔といま。左側が百人隊長とその部下の軍団兵たちで、ファルクスをふるうダキア人に右側から攻撃を受けているところ。右腕が鎧の袖で保護されているのに注意。

下　次には、ピルムの一斉投擲で軍団の反撃が始まる。ピルムの鉄柄の手前に鉛の重りがついているのに注意。これがピルムの重量を増している。

上　古きよき時代。攻城中のカエサルの軍団兵。兜には羽飾りがつき、盾は丸みを帯びているが、蛮族どもはいまも昔も毛むくじゃらだ。

左上　戦闘態勢をとるローマの騎兵隊。全面衝突中は、騎兵隊はおおむね控えの戦力として待機している。馬は疲れやすいし、その日の戦況に応じて逃げる敵を追撃したり、逆に退却する味方を援護するために必要になる。

右上　騎兵の夢。戦闘後、騎兵隊は逃げる敵を追撃し、蹂躙する。騎兵たちにとっては、墓石に刻んで永遠に残したい瞬間だろう。

左下　ハンニバルとの戦いの合間に、陣営に堡塁を築くために穴を掘るローマ人。向こうでは仲間の兵士が見張りに立っている。300年後もほとんど変化はなく、土木作業を点検する百人隊長はあいかわらずあら探しばかりしている。

上　後100年の塹壕掘り。鎧こそ違うが、同じように表土を掘り、百人隊長は同じように掘りかたにけちをつけている。

下　後43年のレヌス（ライン）川下流、ノウァエシウム（現ノイス）の第XVIガッリカ軍団の陣営。デクマニア門側から見たところ。今日では第XVIフラウィア・フィルマ軍団に改名されており、レヌス川での不名誉な日々は忘れたい思い出だ。

どのコホルス？

　軍団の名前のつけかたはいささか独特だが、それでも補助軍にくらべれば軍隊的秩序の鑑である。補助軍のコホルスの名称は、いまいる場所とか、どこの出身者から構成されているかとか、その部族の由来とか、好んで用いる武器とか、その部隊が生まれたときの皇帝とか、指揮官の名とか、あるいはそれらの任意の組み合わせで決められる。先頭につく番号は、どう見ても適当に選んだとしか思われない。しかし、これほど多種多様な名前の候補があるというのに、それでも複数のコホルスに同じ名がつくことがある。現在、第Ⅰアルピノルム〔「アルプス地方出身者の」の意〕という名のコホルスは少なくとも２個あって、どちらも下パンノニア〔ドナウ川中流右岸の属州パンノニアはトラヤヌス帝時代に東西に二分されたが、その東側つまり下流側の地域をさす〕周辺で活動している。この２個の場合は短すぎてわかりにくいと言えるかもしれないが、では長ければわかりやすいかと言うとけっしてそうとも言えないのが、かれらと共に戦っている第Ⅱアウグスタ・ネルウィア・パケンシス・ブリットヌム〔「アウグスタ・ネルウィア」は「ネルウァ帝の」、「ブリットヌム」は「ブリトン人の」を意味する。「パケンシス」は「パクスという都市の」という意味だが、このコホルスの場合この語がなにを意味しているのか不明〕という仰々しい名前のコホルスの場合である。

補助軍はその土地から動かないことが多いから、これはそのためかもしれない。軍団は、帝国の大戦略に従ってあちこち移動するものだ。いっぽう補助軍のほうは、去っていく軍団に愛想よく手を振り、別の軍団がやって来ればそれに付属するのが通例である。その結果、非市民の補助軍兵は一か所に長くとどまり、結婚して子供を作り、除隊時にはローマ市民として家族とともに帰化する。その子供たちが父にならって軍に入れば（多くはそうする）、出生地はカストラ castra（陣営）と登録され、父がかつて属した補助軍に入るか、それとも軍団に入るかを選択することができるというわけだ。

　補助軍のコホルスが同じ場所にとどまるのには、数多くの理由がある。
・地元の部隊は地元で勤務したがる。
・待ち伏せ、襲撃、小競り合いなどの低水準戦争では、その土地の情報が欠かせない。
・低水準戦争では、地元の伝統や習慣を理解し、尊重できる兵士が必要。
・地元の補助軍は、その土地に最適の武器や戦闘方法を何百年もかけて発展させている（たとえば、ゲルマニアの森林地帯ではヌミディアの騎兵はほとんど役に立たないし、下ゲルマニアのバタウィア〔ライン川の河口地域〕出身の歩兵——水泳が得意で、氾濫した川を渡ることにかけては専門家——は、ヌミディア人が故郷と呼ぶアフリカの砂漠では途方にくれるだろう）。

補助軍は地元に残るという慣例にも例外はあって、それ
は専門部隊だ。これはどこでも歓迎される。たとえばサルマ
ティア〔黒海北方のステップ地帯〕の騎兵やシュリアの弓兵な
ら、軍に入れば世界を見てまわることになるだろう。かれら
の同郷人は、ブリタンニアの沼沢地からアレクサンドリアの
バザールまで、帝国じゅういたるところに散らばっている。

✝✝✝

　シドン〔現レバノン南西部の港市〕のティベリウス・ユリ
ウス・アブデスここに眠る。62年の生涯のうち40年を弓兵コ
ホルスの兵士として過ごした。

　ゲルマニアのビンギウム〔現ドイツのビンゲン〕出土墓
碑銘 —— デッサウ編 *INSCRIPTIONES LATINAE
SELECTAE*（『ラテン語碑文選』）2571

✝✝✝

補助軍と軍団

軍団から見れば、補助軍〔アウクシリア〕の役割は、まさにそのラテン
語名の意味するとおり —— 協力と支援である。

　軍団が戦闘におもむくとき、補助軍は ——

・待ち伏せしている敵がいないか、先に行って偵察する。
・敵の兵力や戦術について、将軍に概況説明をする。
・適切な糧食の入手先や陣営の設置場所に軍を案内する。

　大規模な戦闘が始まったら、補助軍はたんにわきにつ
いて、あとは軍団におまかせというわけではない。軍と

軍が衝突するときには、補助軍は次のような任務を実行
する。

・前座的な小競り合い
・軍団の翼側に敵の騎兵を近づけない。
・険しい足場の悪い場所を守る。このような地形の場所
　では軍団が陣形を保ちにくいため。
・専門に応じて、敵に槍を投げたり、矢を射かけたり投
　石したりする。
・戦闘の真っ最中に参戦する（軍団兵にくらべるといさ
　さか軽装ではあるが、敵の主力よりは武器も訓練も装
　備も勝っているだろうから、接近戦に投入されること
　もある）。

　そして言うまでもなく、軍団が陣営に引きあげたあと
は、地元の守備隊となって巡回をし、ローマの平和〔パクス・ロマナ〕を維持
すべく、日々地道な仕事を担当するのは補助軍である。

✛✛✛

　ウェスパシアヌスは、軍を率いてプトレマイス〔ナイル川
　左岸の都市〕を出るとき……軽装の補助軍兵士に弓兵隊をつ
　けて先発させた。こうして敵から不意討ちされるのを防ぐと
　ともに、伏兵が潜んでいそうな不審な木立を捜索させたので
　ある。　　　　　　　　　──ヨセフス『ユダヤ戦記』3・6・2

✛✛✛

海　軍

利点

1　奴隷の境遇を脱出できる可能性がある。

2　珍しい土地を訪れる機会が多い。

3　船の上でぶらぶらしたり、弩砲などの面白い武器を使ったりできる。

4　除隊時にはローマ市民権がもらえる。

5　艦隊の根拠地がミセヌムなら、アンピテアトルム・フラウィウム（コロッセウム）で巨大な日除けを扱う仕事ができる。

難点

1　海軍はほかの軍から見下されている。

2　水兵なのに、ときどき即席陸上部隊として働かされる。

3　三段櫂船を漕ぐのは重労働である。

4　最短契約期間が補助軍より長い。

5　船は意外なときに沈んで悲惨な事態を引き起こすことがある。

背　景

　軍団兵は海軍をいささか軽蔑しており、なにかというと、第1次ポエニ戦争〔前264～241〕時に海軍の果たした役割の話をしたがる。敵の力も借りずに、25万近い将兵をまっすぐ海の底に運んでくれたじゃないかというわけだ。もっと近いところでは、ティベリウス帝の治世にローマ軍がマルシ族〔ゲルマン人の一部族〕討伐のため遠征した〔後

14～16〕とき、嵐で艦隊が全滅してかなりの戦力が失われ
ている。その後何週間も、船の破片や軍団兵の溺死体がゲ
ルマニア沿岸に打ち寄せられていたほどだ。

✛✛✛

　嵐が起こって雹が降りはじめ、四方八方から吹きつける強
風に、船は一面の怒濤に囲まれた。黒雲の塊に視界がさえぎ
られ、舵取りが困難になる。兵士たちは外洋での緊急事態に
慣れておらず、おびえて水兵たちを苛立たせ、へたに手伝お
うとして熟練の乗組員の足を引っぱるしまつだった。

——タキトゥス『年代記』2・23

✛✛✛

　ローマ軍では継子扱いで、ときに沈没の問題も抱えては
いるものの、海軍には入隊するかいがないというわけでは
ない。これは否定できないのだが、海軍には一種奇妙な魅
力がある。なにしろローマ海軍は、内陸国のスイスで水上
戦をしたという史上唯一の記録を持っているのだ（アウグ
ストゥスの時代に1度だけ、ボーデン湖の戦い〔前15年〕のさ
いに海軍がラエティア人およびウィンデリキ族の船団を相手に
戦った）。

　海軍が戦った最後の大海戦は、ローマの1世紀におよぶ
内戦を終結させ、アウグストゥスをローマの皇帝に押し上
げた戦闘でもあった。それが、前31年のギリシアにおける
アクティウムの海戦である。ローマとエジプトの海軍によ
る天下分け目の大決戦だった。とはいえ、いまでは有力な
敵の艦隊は存在しない。不本意にも海神ネプトゥヌスへの
生贄となり、海の藻屑と消えるのはいやだと恐れている向

きは安心してほしい。現代の海軍の本格的な戦争はすべて河川でおこなわれていて、頼もしい陸地がすぐそばに控えているのだ。

✛✛✛

　軍船が戦闘配置につこうと近づいてきているのに、あいつは立ちあがって閲兵することすらできなかった。仰向けに寝ころんで空をにらんでいて、マルクス・アグリッパが敵を蹴散らしてくれるまで起きあがりもせず、部下はあいつが生きているかどうかもわからなかったんだ。

　　　オクタウィアヌス（後のアウグストゥス）の海戦での様
　　　子（船酔いか？）
　　　　　　　　──スエトニウス『アウグストゥス伝』16

艦隊入港の図。ローマ海軍の船がダヌビウス〔ドナウ〕川の港に停泊しようとしている。船と船員の大小比は正確とは言えないが、漕手がぎっしり並んで漕いでいる様子や、この仕事をするうちに発達した上腕二頭筋が活き活きと描き出されている。

✝✝✝

海軍の主要な部隊

ミセヌム艦隊およびラウェンナ艦隊（ローマの艦隊は「クラッシス」と呼ばれている。したがって三段櫂船や五段櫂船は、古典古代のという意味でも、艦隊に属するという意味でも「クラシックな」軍船と言うことができるわけだ）——ミセヌム艦隊の名は同名の岬にちなむ。地中海西部全体が担当範囲ではあるものの、ふだんはナポリ湾のあたりを巡回している。この艦隊も、またイタリア半島の反対側のラウェンナを基地とする艦隊も、アレクサンドリアからの穀物船団の護衛、そして海賊討伐を任されている。ラウェンナ艦隊がとくに重視しているのが海賊討伐だ。というのも、アドリア海東岸のダルマティア人やリブルニア人が、海賊稼業は先祖伝来の趣味にして生きかたでもあると認識していて、パクス・ロマナごときでそれをやめる気はさらさらないからである。

パンノニア艦隊およびモエシア艦隊——もっと組織的な対決を望む向きは、このどちらかに入隊しよう。前者の基地はアクィンクム（のちの世代にはブダペストと呼ばれる）の近くで、後者はダヌビウス川のさらに下流で活動しており、ときには黒海へ急襲をかけることもある。どちらの艦隊も、きたるダキア戦役のさいには忙しくなるだろう。

ゲルマニア艦隊——ヨーロッパの反対側、レヌス川で活動

する艦隊。コロニア・アグリッピネンシス（現ケルン）を基地としている。航行術にたけたバタウィ族のうち、ローマと対立している一派に手を焼いている。その任務から北海へも出ていかねばならず、多くの水兵がそこで気づいているとおり、潮流のない地中海で発達してきた三段櫂船の装備は、大西洋のすさまじい波風の前には万全とは言いがたい。

アレクサンドリア艦隊——ローマ全軍を通じて、最も夢のある勤務地かもしれない。この艦隊は、椰子の木に縁取られたナイル川を巡航するだけでなく、地中海東部へ遠出することもある。また、ローマの海軍部隊で本格的な戦闘を経験した最後の部隊でもある。後68〜70年の戦争〔第１次ユダヤ戦争〕のさい、海戦志向の反乱ユダヤ人が即席で編制した艦隊を相手に戦ったのだ。アレクサンドリア艦隊のもう１つの副業は、ペルシア湾を渡ってインドに向かう商船の護衛である。またエウプラテス川をさかのぼり、バビロンまで行くことになるという噂もある。

　海軍に入隊するには、健康体であることと、今後26年間なにもすることがないという条件さえ満たせばよい。機械いじりの才能があればなおよい。オールや索具を扱うだけでなく、ローマの軍船は焼夷弾や弩砲（引っかけ鉤を発射するものもある）をずらりと並べて誇示しているからだ。海水はかぶるし甲板は揺れるしで、これらの兵器にはしょっちゅう手入れが必要なのである。

　奴隷は水兵になれないが、水兵になるために解放される

奴隷もいる。勤務期間があけると、補助軍の兵士と同じく
望めば市民権を得ることができる。

近衛軍
プラエトリアニ

利点

1　ローマ勤務である。

2　他の部隊より契約期間が短い。

3　給料や除隊時の待遇が抜群によい。

4　新帝即位時にはたんまりボーナスがもらえる。

5　除隊後はかなり高い地位につける見込みが大きい。

難点

1　皇帝が遠征に出るとなると、実際に戦闘をする破目
　　になる。

2　まあそれぐらいかな。

✦✦✦

　近衛兵は1日2デナリもらって16年で除隊になるが、やつ
らがおれたちより危険な目にあっているというのか。都の警
備が楽な仕事とは言わないが、おれたちはここで蛮族に囲ま
れてて、天幕からじかに敵の顔を見てるんだぞ。
　　　──タキトゥス『年代記』1・17、後14年の反逆の兵士の言葉

✦✦✦

背　景

　近衛兵に任命されるのはあらゆる軍団兵の夢だ。近衛軍
は首都ローマに駐屯していて、都を離れるのは帝国の主が
みずから遠征に出るときだけだ。給料はよく、勤務期間は

短い。しかもそれは話の半分でしかない。近衛軍は首都最大の部隊だから、その忠誠を確保することが皇帝にとっては生死にかかわる問題だ。皇帝の安全を守る近衛軍には、しかるべき報償を与えるのが賢い皇帝というものである。カリグラ帝〔在位37-41〕が殺されたのは、近衛軍の指揮官たちに皇帝に適格ではないと判断されたからだったし、カリグラ暗殺のあとにクラウディウス〔在位41-54〕を皇帝として元老院に認めさせたのも近衛軍だった。もっと新しいところでは、ドミティアヌス帝（後96年に暗殺された）はさらに近衛兵の給料と優遇を厚くしている──もっとも、尊大な近衛兵は首都ではまったく人気がないが。

✢✢✢

　　兵士なら、証人を脅して市民に不利な証言をさせるのは簡単だ。しかし、正直な証人が甲冑をまとった人気者を論駁しようとしたらそうは行かない。しかも兵士の役得の話はこれで終わりではないのだ。

　　　　　　　　　　　　──ユウェナリス『風刺詩』16（32-35）

✢✢✢

勤務期間

　近衛軍の名は、遠征のさいに将軍が過ごす、軍の陣営内の天幕から来ている。その天幕を護衛する兵士たちを「プラエトリアニ」と呼んだのが、徐々に将軍の精鋭部隊の名になっていったわけだ。その特別な地位を正式に定めたのは（例によって）アウグストゥスだが、だいたい現在の形に整えられたのはアウグストゥスの世継ぎティベリウスの時代だった。ティベリウスは蠍座の生まれで、近衛

不運な誤解

　現在のところ、トラヤヌス帝と近衛軍とは良好な
関係にあるとは言いがたい。近衛軍は、ネルウァ帝
（トラヤヌス帝の先帝）が後継者として選んだ人物に
猛反発した。宮廷と近衛軍とのあいだで緊迫した議
論がおこなわれ、そのさいに帝国の役人数名が殺害
されたほか、皇帝自身も脅迫された。この結果、ネ
ルウァ帝はみずから提案した後継者を引っ込め、近
衛軍の推すトラヤヌスを次期皇帝に指名すると発表
した。

　新帝即位に貢献したのだから多少は感謝されると
期待したかもしれないが、トラヤヌスは即位するな
り、先帝を脅迫した近衛兵たちを逮捕・処刑した。
トラヤヌスはライン地域の軍団から全面的に支持さ
れており、この軍団のほうが数が多いうえに実戦経
験も豊富だったから、近衛軍は現状を受け入れるし
か手がなかったのだ。

軍の紋章がサソリなのはそのためだ。1個800人のコホル
スに編制され、ローマのウィミナリス丘の快適な兵舎で暮
らしている。騎兵隊も1個あり、こちらはエクィテス・シ
ングラレス・アウグスティ equites singulares Augusti（ア
ウグストゥスの特別騎兵隊）と言う。

　近衛兵が軍団のすぐれた兵士から選抜されたのなら、そ
の数々の特権も納得できないことはないだろう。しかし実

入り込めればありがたい職場。ローマ軍で最高の職務と給料と待遇に、無理もないことながらふんぞりかえっている近衛軍の将兵たち。

際には、大半の近衛兵は若いうちに選ばれるし、属州出身よりイタリア出身のローマ人から選ばれる割合が不釣り合いに高すぎる（しかし、パンノニア人やサルマティア人は騎兵としてすぐれているから、エクィテス・シングラレス・アウグスティに応募すれば、採用される確率はぐっと高くなる）。近衛軍で16年の勤務期間を終えたあと、一般の軍団に移って百人隊長として部隊を指揮する者もいるが、除隊記念に

皇帝からたんまり褒美をもらって引退する者もいる。また逆方向の配置転換もある。たとえば後69年、敵対者のオトを支持したことを理由にウィテッリウス帝は近衛軍全員を解雇し、レヌス西岸の軍団から連れてきた兵士とごっそり入れ替えたことがある。

✝✝✝

　ガイウス・ウェデンニウス・モデラトゥス（アンティウム出身、第XVIガリカ軍団に10年勤務）……は、第Ⅸオラエトリアナ・コホルス［近衛軍の］に移り、そこで8年間勤務した。神皇ウェスパシアヌスより1度、またゲルマン人の討伐者ドミティアヌス帝より1度、都合2度表彰されている。

　　　　　　　　　　——CIL（ラテン語碑文集）6・2725

✝✝✝

とくに優秀で皇帝の覚えめでたい近衛兵は、近衛軍じたいの百人隊長に昇進することもある。また、職業軍人にとって最高の地位は、近衛軍の指揮官である。

✝✝✝

　先頭は補助部隊で、次は徒歩弓兵隊、そのあとに4個軍団、次に近衛軍コホルス2個とエクィテス・シングラレス［・アウグスティ］に守られた皇帝そのひとが続く。その後にさらに軍団が続き、騎馬弓兵隊、同盟軍の部隊の順であった。

　　　　　　　　　　——タキトゥス『年代記』2・16

✝✝✝

第4章

軍団兵の道具と装備

**huius de gladio memento, amici, viam ad hominis cor
per viscera ferre**

よいか諸君、心臓を貫くには腹から剣を突き立てることだ。

　ローマ軍の装備は優秀かもしれないが、よいものはいくらあってもよいなどとは、それを持って歩いたことがあれば口が裂けても言えないはずだ。なにしろ兵士は1日20マイル、何週間もぶっ通しで運んだりするのである。装備を選ぶさいにはこのことを肝に銘じておこう。「選ぶ」というのはここではまさに正しい語だ。民間の商人からか国からかはともかく、軍団兵は装備を自腹で買うからである。どうしても持たねばならない装備というものがあるから、自分で購入できない場合は支給され、その値段ぶんが給与から差し引かれることになる。

　これをわきまえたうえで注意したいのだが、法外と思える値段を払ってでも、ちゃんとしたものを手に入れねばならないアイテムがひとつだけある。それは剣ではなく、盾でも兜でもない。軍団に入っても何十年も実戦を経験しないこともあるし、攻撃や防御の道具に関しては、いずれにしても実戦前に吟味して入手する時間はじゅうぶんある。

しかし、平時だろうと戦時だろうと軍団に行軍はつきもので、そのさいには重い荷物を運んで歩かなくてはならない。だから履物は最高のものを手に入れよう。適切な履物こそ肝要であるから、軍団兵の道具と装備を簡単に説明するにあたっては、ローマの軍事的優越を文字どおり足もとから支えるアイテム——カリガ caliga、すなわちローマ軍兵士のサンダルから見ていくことにしよう。

カリガかカリグラかカリゴナか

☞ チェックリスト

1 　足に合っているか——新品なら革が伸びることを計算に入れよう。

2 　革が柔らかく、よくなめされているか。

3 　ひもが切れていないか——皮膚に触れる側の縁が、なめらかに面取りされているか確認すること。

4 　靴底の鋲が新しいか、ゆるんでいないか。

　　いまは亡き（とはいえ惜しむ者もない）カリグラ（Caligula）帝は、その父ゲルマニクスが軍団を率いていたとき、ミニ軍団兵の格好をして遠征に同行していた。軍のマスコットとして可愛がられ、「ミニ軍靴（より正確には「ミニ軍サンダル」）」という意味で「カリグラ」という愛称で呼ばれたわけだ。いっぽうカリゴナ caligona は大きなサンダルの意で、標準の制式サンダルはカリガ caliga という。

構造——この重要きわまる装備は、3つの部分に分かれて売られている。靴底（足にぴったり合わせるには、その外周は足のそれより親指の爪幅の半分ほど短いのがよい）と中底と甲革だ。甲革には紐——カリガエ・ファスケンテス caligae fascentes（カリガを留めるもの）——がついていて足に合わせて調節できる（この紐と靴底の重い鋲は磨耗しやすく、とくに手入れが必要だ）。紐が長持ちするように、蠟引きの糸で細かく二重縫いされているか確認しよう。

着用——紐の縁が面取りされていない場合は、小さなやすりを借りて自分で面取りしよう。縁がとがったままだと、数千歩も行くころには痛くなってくる。また革は使ううちに伸びてくるから、新しい靴は多少ゆるむことを計算に入れよう。寒冷地で勤務する場合は、しもやけを防ぐために分厚い靴下をはきたがる者も多いが、本格的な行軍に靴下は不向きである。まめがつぶれて汁が乾くと、毛織の靴下がそこに張りついてしまう。こうなると歩いて痛く脱いで拷問だ。

鋲——カリガの靴底の鋲には、蹴りの威力を高めるという思わぬ利点がある。群衆を制圧するとか酒場で喧嘩するときなど、殺す必要が（あまり）ない場合にはこれが役に立つ。まじめな話、戦場などの泥や血液ですべる地面で、足を踏ん張るさいに鋲は必要不可欠だ。ただし固くなめらかな床ではいささか厄介である。イェルサレム包囲戦のさい、敵を追って突撃した百人隊長ユリアノスの不運につい

て見てみよう。

✝✝✝

　彼は逃げまどうユダヤ人たちに突撃し、とらえた者を殺した……しかし、死すべき人間には逃れることのできない運命に、彼自身もつけねらわれていた。兵士の例にもれず、鋭い鋲をびっしり打った靴を履いていたために、神殿の床を走っているときに足を滑らせて引っくり返ってしまったのだ。甲冑のせいで派手な音がし、逃げていた者たちがふり返り……槍と剣で襲いかかってきたのである。

—— ヨセフス『ユダヤ戦記』6・8

✝✝✝

チュニック

☞チェックリスト

1　目の詰んだ生地で丁寧に仕立てられているか。

2　適切な繊維でできているか(部隊や地域によって異なる)。

3　ぜひともベルトを付けさせること。留めピンがあればなおよい。

4　部隊の仲間と同色のものがなければ白を選ぼう。

　軍団兵のチュニックはどうしてもすり切れやすく、2か月かそこらでだめになることが多い。安物のチュニックでも6デナリぐらいするから、これは手痛い出費だ(実際、衣服代で給料の3分の1ぐらいは飛ぶことを覚悟したほうがいい)。標準の作業用チュニックには生成りもある

が、ほとんどの兵士は晴れ着用の純白のチュニックも持っているものだ。こういうチュニックは、尿と硫黄の煙で漂白されているので、初めて着るときはよく風に当てておくほうがよい。そうでないと想定外の強烈な印象を与えてしまうことになる。

着用法──チュニックは完全にフリーサイズで、ふつうは丈と幅がほぼ同じ長さになっている。民間人が膝下まで垂らして着るのがふつうなのに対し、軍用チュニックは膝上にたくしあげて着用するので、入隊したての新兵は気をつけよう。チュニックは襟ぐりの広いものを選ぶこと。重労働のさいには襟から片腕を出し、チュニックの右肩を腋の下におろせば、かさばる衣服に邪魔されずに楽に上体を動かせる。ふだんは、広い襟ぐりはねじって結んで狭めることもできる。その結び目をフィブラ fibula（飾りピン）の1、2本で留めておけば、マントを固定するのにも使えて便利だ。

　民間人のそれと同じく、チュニックは便利な合財袋にもなる。紐ベルトでウエストをきつく縛っておき、持ち運びたいものを襟からなかに入れておけば、取り出すのも簡単だ。

生地──チュニックの素材は地域しだいだ。ゲルマニアやブリタンニアなら厚手の毛織物がよいが、もっと温暖な地域なら亜麻のほうが好まれる。一般的に言って、チュニックはまとめて洗濯されるものだから、部隊仲間と同じ素材

を選ぶほうが賢明だ。毛織物なら、大きなおけに浸してへら棒でやさしく押し洗いをするのが一番だ。亜麻の場合は岩に力いっぱい叩きつけて洗うことが多いから、それと同じ扱いを受けると傷んでしまう。

✛✛✛

　カッパドキアの兵士に必要な物品のうち、村の織屋にまとめて発注するのは……チュニック、白、ベルトつき、長さ3キュビット半［約155センチ］、幅3キュビット4ダクトゥロス［約140センチ］、重さ3ミナ［約1500グラム］……すべて清潔で汚れのない毛織物で、縁はきちんとかがっておくこと。
　　　　　　──後138年の軍服に関する命令書、パピルス選集395

✛✛✛

色──どんなチュニックも、すぐに部隊仲間のそれと同じ色になってくる。染料が定着していないので、いっしょに洗濯するうちに混ざってくるからだ。染料のアカネが安価で手に入りやすいため、赤いチュニックを好む部隊もある。赤だと血のしみが目立たないというもっと勇ましい理由もあるが、第1に軍団兵はふつう血を見ても驚かない（自分の血の場合はべつだが、その場合はチュニックが何色だろうと気がつかないことはない）し、第2にアカネは日に当たるとたちまちあせるので、長期の遠征から帰ってきたときには、たいそう魅力的なピンク色に変わってしまう。最も色が変わりにくいのは白で、汚れがよく目立つという利点もある。これは戦闘任務では重要なことだ。負傷した場合、傷口に触れる繊維が清潔かどうかで生死が分かれることもある。

鎧

☞チェックリスト

1 安価な鉄より上質な鋼のほうが圧倒的に好ましい。
2 掛金や留金、付属品の取付部に高品質の鋲を使って いること。
3 深い錆がないか点検すること——なかなか落とせず 苦労することになる。
4 板金のへこみを叩いて直したものは防御力が落ちる。
5 身体によく合っていること。着けてみてよく調節し、 身体に当たる出っ張りがあれば直しておく。

種類——履物とチュニックという基本的な問題が片づいた ら、鎧などの比較的瑣末な問題に移ろう。軍団兵なら知っ ているとおり、鎧の主たる役目は磨かれることにある。磨 かないと（ほとんど一夜にして）軍にあるまじきオレンジ 色に変わってしまうからだ。軍団兵の鎧は鎖帷子か小ざ ね鎧の場合もあるが、最も一般的なのはロリカ・セグメン タタ lorica segmentata こと「ザリガニふう」と呼ばれる 鎧だ。つまり、身体に合わせて成形した鉄の帯を皮革製の 骨組みに取り付けたものである。ロリカ・セグメンタタ は、補助軍の兵士が着用する鎖帷子より強靭で軽い（また 安価に作れる）。

手入れ——鎖帷子は、少量の砂とともに樽に入れてその樽 を前後に転がせば、鎖と鎖がこすれあってきれいになる。

しかしロリカ・セグメンタタは帯の1枚1枚を力を入れて磨かなくてはならない（板は34枚に分かれているし、さまざまな蝶番もある。また板と板が重なる部分には、どんなに油をさしてもやっぱり錆が生じてくる）。

着用法――着用前にかならず襟巻きを巻いておくこと。これを怠ると、重い金属板が行軍中に胸骨に食い込み、時間がたつうちに擦りむけて潰瘍化することさえある。襟巻きを巻いてから、金属のチョッキのように身に着け、あとは革紐で前を締めていけばよい。身体によく合う鎧は動きやすく柔軟性が高い。扱いづらい部品も、留め具やヒンジが思わぬときにはじけやすいという問題も、それを考えれば

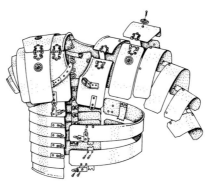

ロリカ・セグメンタタ。図に示すのは、胸板、中襟板、背板、上肩板、下肩板、ヒンジ式の紐留め、ヒンジつきおよびヒンジなしのバックル、ほぼ三日月形のヒンジの半分、裏側の部分の半分。基本的なデザインに多少の変化はあるものの、軽量で可動性が高いのは共通している。しかし構造が複雑なので、お世辞にも手入れが楽とは言えない。

凝った兜

毛皮のマント

百人隊長の横断型クレスト

ロリカ・セグ
メンタタ

横向きに補
強材を渡し
た兜

隊旗

短い剣

小盾

軍団盾

すね当て

パレラ（円盤状の装飾金具）と
トルク（環状の装飾）、
いずれも勲章のようなもの

戦闘態勢を整えたローマ軍分隊の装備。左から旗手、百人隊長、一般軍団兵

目をつぶれないことはない。それどころか、ヒンジがはじけるのは武具屋に文句を言うよい機会になる。修理させるついでに、もっと身体に合うように調整してもらおう。

兜

☞チェックリスト
1　同じくよく合っていることが大事。
2　当てものをして合わせようとしないこと。
3　最新の型のものを探すこと。
4　兜内側の出っ張りと、頭のへこみがよく合っていること。
5　ガリア式が最高。
6　重量と保護力のバランスを考慮すること。

昔は青銅製だったがいまは鉄製で、やはりガリアの工房の製品を好む兵士が多い。イタリア製よりできがよいと信じられているからだ。兜はいまも進化の途上にあるので、どんな兜を選ぶかはそのときにどんな製品が流通しているかによる。

構造——兜はすべて基本的な構造は同じである。後ろに突き出すつばは、うなじに不意討ちを食らうのを防ぐためのもの。ひたいを横切る補強材は、蛮族の戦士が頭上から振りおろす一撃をかわすためのもの。これをまともに食らうと頭蓋がまっぷたつにされてしまう（ダキア人（第6章参

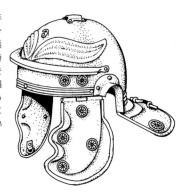

ガリア式兜、最新型。この手
の製品としては最高級で、ひ
たいを横切る補強材、飾り鋲
と耳を保護する突起部が特
徴。頂点の部品は羽毛飾りを
つけるためのもので、また幅
広の首覆（ネック・プロテクター）いについている
ループは、行軍中に兜を鎧に
くくりつけて運ぶために用い
る。

照）はこの戦法を好み、それに適した武器を持っているから、
この鉄の補強材をさらに強化した兜を求めるとよい）。

　兜には頬当てがついているが、これは投射武器をそら
すのには役立つかもしれないが、剣で力いっぱい切りか
かってこられたら跳ね返す力はない。また鉢のてっぺん
には羽毛飾りを取り付けるための突起などがついてい
る。羽毛飾りは昔の戦場では大いにもてはやされたが、
いまのローマ軍では、あくまで実際的な殺人機械（これは
事実そのとおりだ）という印象を敵に与えるのが流行りな
ので、羽毛飾りは特定の観閲式のさいにしか用いられな
くなっている。

サイズ──兜はサイズがきわめて重要だ。小さすぎて頭か
ら浮いているのは、大きすぎて目に覆いかぶさっている
のに負けず劣らず間が抜けているし、どちらにせよ敵に

あなどられることになる。言うまでもなく、耳を支えにしなければ兜が目のうえにずり落ちてくる、などということがあってはならないが、だからと言って当て物をして兜のサイズを調節しようとするのは賢いことではない。

フィッティング——兜の内張りはしっかりしていなくてはならないが、厚すぎてもいけない。柔らかい詰め物を分厚く入れても、簡単につぶれるから頭部の保護にはならない。まともに一撃を食らえば、結局は兜の下の頭に強い力が伝わってしまうからだ。頭によく合うだけでなく、耳の上の保護突起という最近の進歩を取り入れたものを求めよう。これがないと縁が耳に当たって気が散ることになりやすい。いずれにしても、ロリカ・セグメンタタでも兜でも、できるだけ内部に突き出た部分がないよう気をつけたい。着用して数分もすれば、どこにそれがあるかいやというほどよくわかるようになる。

　兜は重い。平和な属州勤務なら、余計な補強材ができるだけ少ないものを選ぼう。それでも、10年ほどもその重みを支えつづければ、首が何センチも太くなるものだ。

盾（スクトゥム scutum）

☞チェックリスト

1　盾覆いと盾はそろいのものを入手する。

2　長持ちする——そして耐水性のある——塗装の盾を探そう。

3 どんな木材が使われているかよくよく確認すること。

4 戦闘で使われたことのある盾は避けよう。

5 補強用の金属縁がしっかりしているか確認する。

く一部の期間を除き、専用の覆い——油を塗られた
ヤギ皮製の——に収めっぱなしである。軍団章を入
念に描かれた盾を外に出すのは、補修するとき、磨くと
き、観閲式のとき、そして戦闘のときだけだ。他国の軍や
補助軍の盾とちがって、軍団の盾は大きく反っているか
ら、即席のテーブルや担架にもなりにくく、実際に敵から
打ちかかってこられる瞬間までは、扱いづらいだけの厄介
な大荷物でしかない（もっともその瞬間が来たとたん、厚み
も重みもぜんぜん足りていなかったと気がつくことになる）。

構造——攻撃中、敵の槍先からわが身を守るために構える
ことになるこの盾は、精密に合わせた三層の板でできてい
る。好んで用いられるのはオークまたはカバである。盾作
りはカバを好むが、これは曲げやすくて合わせるのが容易
だからだ。しかし軍団兵はオークを好む。その理由は、盾
作りがオークを嫌う理由と同じ、稠密で固く穴をあけにく
いからだ。いずれにしても、板と板は木目が直角に交わる
ように重ねたうえで、接着して合板にする。裏には強化の
ために帯状の板を張り、盾の中心部には小さな半円の穴を
上下にふたつあけ、そのあいだの水平方向の部分を把手と
して残す（金属棒を渡す場合もある）。この穴は、盾の表側
（敵に向ける側）に丸い突起つきの金属板を張ってふさいで

ある。把手はスーツケースの把手のように上からつかめる
から、盾はすぐに持ちあげて防御姿勢をとることができ
る。また、そのように把手をつかんだ手で敵にパンチを食
わせれば、盾は究極のメリケンサックともなる。

塗装と目印——盾には布か薄い革を張ることもある。革の
ほうが汚れを落としやすいが、カゼインカラー（牛乳から
とった塗料）を塗って文様を描く場合は、布のほうが色も
ちがよい。どちらの場合も、盾には定期的にワックスをか
けて、色彩の鮮やかさを保つと同時に板の劣化を防ぐこと
が必要だ。また、陣営ではときおり所有権をめぐってささ
やかな誤解が生じることがあるから、爪や拳固や鑿で自分
の目印をつけておこう。目印をつける場所としては、盾の

部隊章を描いた盾。戦闘で盾がめった打ちに
される回数を考えれば、いかに防御に役立っ
ているかはわかる。しかし、ローマ軍の盾は
うまく使えば立派に攻撃用の武器にもなる。
ただ、多くの蛮族は手遅れになるまでそこに
気づかなかった。

真鍮の縁取り、中央の突起の内側がよい。

サイズ——盾の大きさや形はすべて同じではない。それどころか、古いアウグストゥス式の盾（縁がわずかに湾曲している）もいまだに出まわっている。新兵は、肩のあたりから膝まで（約90～115センチ）を保護する盾で、幅は3フィートよりやや狭いものを選ぼう。これより大きいと剣をふるう邪魔になる。ローマ軍で固く信じられているとおり、最大の防御は攻撃なのだ。

✝✝✝

　スキピオは、ある盾が華麗に装飾されているのを見て、これほど飾りたてられるのも驚くには当たらないと言った。持主が剣より盾を信頼しているのは明らかだからと。

——フロンティヌス『統帥術』4・5

✝✝✝

剣（グラディウス gladius）

☞**チェックリスト**

1　バランスがよいこと。
2　高炭素鋼製のものが最高。
3　柄が滑りにくいこと。これが生死の分かれ目になる。
4　剣と鞘はそろいのものを求めよう。

鎧　兜は身を守ってはくれるものの、防御に徹していたのでは不可避の結末を遅らせることしかできない。

こちらから攻撃を仕掛けるさい、軍団の好む戦法は接近戦に持ち込んでじかに剣をお見舞いすることだ。剣の使いかたや、剣が最も威力を発揮する軍団の陣形についてはべつの箇所で説明するので、ここでは剣そのものについて見ていこう。煎じ詰めれば、剣は道具にすぎない。軍団兵の剣の場合は、人体に侵襲的に貫通することを目的にデザインされた道具である。理想的には、へそのあたりから入って途中の臓器を貫きつつ心臓に達することが望ましい。

バランス——初めてグラディウスを手にした者は予想外の重さに驚く。したがって一定時間以上振りまわすつもりなら、バランスのよしあしに注意をはらうことが必要だ。バランスが重要な理由は２つある。第１に、バランスがよければ「切尖の感覚」がつかみやすい。切尖の感覚とは、目で見て確認するひまがない場合でも、剣の先端がどこにあるか直感的にぴたりとわかるということだ。第２に、バランスのよい剣のほうが振るっていて疲れにくい。敵が死んで初めて戦闘が終わるという状況では、これは重要なことである。

構造——ローマ軍の剣は基本的に、長さ18〜22インチ〔約46〜56センチ〕、幅約２インチ〔約５センチ〕のとがった金属の板である。両刃で、断面は平たいダイヤモンド形をしている。購入のさいには、武具屋で炭素密度をチェックするのが望ましい。ほとんどの剣は芯の部分には低炭素鋼が使われているが、少なくとも刃、望ましくは外層はすべて

ローマの剣。自分に適した剣を入手することは、人生で最も重要な選択になるかもしれない。中央の剣がいちばん当世風で、右側の長い剣はいまでは歩兵には使われていない。しかし補助軍、なかでも騎兵隊ではこの形が好まれている。

　高炭素鋼、すなわち良質の鋼が使われているものを求めよう。戦闘前には多くの軍団兵が偏執的に刃を鋭く研ぐものだが、これはおもにストレス発散法である。実際に役に立つのはたいてい剣の切尖なのだ。軍団兵の剣は優秀な刺突武器なのである。刺突武器にしては珍しく、血液の流路はついていない。つまり傷口に空気を入れるための溝が刃に入っていないということだ。そのため肉が刃にへばりついてしまうので、突き立てたらすぐに力いっぱいねじらなくてはならない。そうでないと抜けなくなり、ほかのところに突き立てられなくなる。

✦✦✦

　かれら［マケドニア人］は恐怖に心臓をわしづかみにされた。ギリシア人やイッリュリア人との戦いに慣れていたかれ

らは、槍や矢、ときには騎槍による傷は目にしていた。それ
がいま、［ローマの］グラディウス・ヒスパニエンシス〔ヒス
パニアの剣の意〕が腕を付け根から切り落とすのを見、首を
すぱっと胴体から切り離すのを、恐ろしい傷口から内臓がは
み出すのを見て、どんな兵士のどんな武器に直面しているか
気づいてパニックに襲われたのである。

　　　　　　　──リウィウス『ローマ建国以来の歴史』31・35

✝✝✝

柄──柄が滑りやすいのは、先に述べた理由できわめて危
険だ。剣をふるううちに手のひらは多少汗ばんでくるから
なおさらである。したがって、バランスがよくて、柄が少
しがさがさしている剣を求めるのがよい（生皮のほうが木
材よりよく、骨製ならさらによい）。中子（柄の奥まで差し込
まれる部分）がしっかり柄頭まで届いているか確認するこ
と。グラディウスの末端にあたる柄頭は丸く、たいていの
剣より大きい。剣の重量とバランスをとるためもあるが、
敵の肉が張りついて剣が抜きにくいとき、柄頭が大きいほ
うが引き抜くのに役立つからでもある。

鞘と付属品──鞘の装飾その他の瑣末事は、剣の基本的な
条件がすべて整ってから初めて考慮すればよい。鞘にはふ
つう浅浮彫りをほどこした真鍮板が張ってあるが、これは
装飾のためでもあり強化のためでもある。鞘を覆う皮革に
も装飾や型押しがなされていることが多い。鞘は剣に合わ
せてデザインすべきで、ゆるすぎてなかで剣が揺れて音を
立てたり（隠密行動のさいには困る）、きつすぎて引っかか

ったり（いざというときにすぐに抜けなくてさらに困る）し
てはいけない。

　剣は、鞘についたベルト（帯）で肩からさげて右脇の高
い位置に着装する。鞘が少し前方に傾くように気をつける
こと。そうでないと剣を抜いたり収めたりしにくくなる。
軍団兵の多くは斜めがけを好み、反対側にはプギオ pugio
をつるしている。これは汎用的な短剣で、日常的な作業の
さいには剣よりずっと出番が多い。

槍 (ピルム pilum)

☞チェックリスト

1　戦闘のとき以外は、重いだけで役に立たない厄介も
　のか？
2　答えがイエスなら、それはピルムだ。
3　これでもう運ばずにすむというチャンスを見逃すな。

　　軍団兵ならだれでも知っているとおり、ピルム pilum
はふつうの槍ではない。ふつうの槍はさまざまな国
籍の兵士が使っているし、ローマの補助軍でも使われてい
る。しかし、軍団兵は使わない。長期の行軍では、ふつう
の槍にはさまざまな使い道がある。第1に杖として役に立
つ。第2に、尖ったほうを地面に突き立てれば柱に早変わ
りする。槍3本を革紐で束ねれば即席の三脚に使える（ウ
サギなどの小さな獲物を引っかけておけるわけだ）。負傷し
たときは、2本の槍をチュニックに通せば、即席の担架にな

る。戦闘では槍は中距離の飛び道具になるが、接近戦で使えばリーチを稼ぐことができる。必殺の状況でなければこん棒として使えるし、ひとりで持ち運べる武器としてはこん棒こそ最高と考える者は少なくない。しかも、これほど便利に使えるうえに、槍は剣よりも軽い。

難点——軍団兵がさんざん不平を鳴らすのも道理、軍団兵の槍ことピルムには上記の利点はほとんどない。ピルムを下から見ていくと、途中までは役に立ちそうに思える——頑丈な4フィート〔約120センチ〕のトネリコのさおで、末端は少し尖らせてある。しかしその先に頑丈な木製の三角形の重りがつき、そこに約2フィート5インチ〔約73センチ〕の柄が鋲留めされている。この柄は細く軟らかい鉄製で、先端は小さな三角形の穂先になっている。このためピルムは言語道断に重く、しかもまだ重さが足りないと言わんばかりに、鉄の柄の少し手前にわざわざ丸い鉛の塊が取り付けられることさえあるのだ。

　この細い柄は鉄であって鋼ではないから、ちょっとしたことですぐ曲がる。その軟弱さを助長するかのように、柄をさおに留めている鋲の1つにはわざと壊れやすいものが使われたりする。このため、ふつうの槍は頼もしい旅の仲間として大活躍するのに対し、ピルムはそういう使いかたがまったくできず、役に立たない残念な金属棒でしかないのである。

利点——ふつうの槍には汎用性があるが、対してピルムは

1つの目的に特化している。戦闘ごとに1度だけ使われる
ようにデザインされているのだ（あとでまっすぐ直すことも
できるが、曲がって延ばしてを2、3度もくりかえすと折れて
しまう）。いったん敵に向かって投げたら、それきり役に
立たなくなるから、投げ返される恐れがない（恐れがない

ゲルマニアの冬の現場に適応した軍団兵の様子。つま先のない靴下、チュニ
ックの下にはいたズボン、余分な襟巻きに注意。兜を持ち運ばずにかぶった
ままなのも、やはり寒さ対策である。

どころか、実際に穂先がなくなることすらある）というわけだ。ピルムには重量があるから、盾に当たれば少なくとも柄の一部は盾を貫通する。しかしここで鋲が簡単にはずれてしまうので、ピルムの柄だけ盾に刺さったままになる。抜かなければ盾が扱いづらくてしかたがないということになるのだ。しかし、ピルムは軍団突撃の第一部として飛んでくるもので、その直後に第二部がやってくる。つまり軍団兵本人プラス剣（そして完全に使える盾）が突撃してくるのだ。したがってピルムを抜いているひまはない。ピルムが刺さった盾はふつう捨てるのが一番で、その後は盾なしで軍団兵と戦うしかない。

　とはいえ、ピルムの主目的は敵に盾を捨てさせることではない（そういう役にも立つが）。うまく投げればピルムの殺傷力は高い。重量があるから、細い柄は容易に人体を貫く。軍団兵は突撃しつつ同時にピルムを投擲するので、飛んでくるピルムを１本よければすむことはまずなく（運悪くきみが旗手だったりすればとくに）、１度に10本ものピルムを浴びる破目になる。

　敵にとってさらに分が悪いのは、軍団兵はそれまで、この無用の長物を10年ほども持ち運んでいたりする、ということだ。ついに投げる時が来たとなれば、待ってましたと力いっぱい投げ飛ばしてくるのである。

その他の用品

1マイル持ち運べる以上の財産を所有すると、その財産に逆に所有されることになる、とはよく言われることだ。その基準から行くと、行軍中のローマ軍兵士はたいへんな自由人だ。しかし、そのとおりとうなずく軍団兵はあまりいないだろう。なにしろ60ポンド〔約30キロ〕弱の荷物を担いで歩いているのだ。昔は、行軍するローマ軍のあとには荷物と召使の段列が続いていて、その列は実際に戦う兵士たちの列に劣らず長かった（より長かったとは言わないまでも）。この楽ちんなやりかたに終止符を打ったのがマリウス将軍だ（第2章参照）。兵士の荷物は駄獣に運ばせるのでなく、兵士が自分で運ぶべしと定めたのである。軍団兵を「マリウスのらば」と呼んだりするのはそのせいだ。

雑嚢——軍団兵は、負い革つきの雑嚢を背負って運んだりしない。最大の理由は、緊急時に肩からすぐにおろすのがむずかしいからだ。そこで、じかに身に帯びて運ぶもの以外は、すべてフルカ furca にくくりつけて運んでいる。フルカとは長さ4フィート〔1メートル強〕ほどの竿に横棒をつけて T 字形にしたものだ。雑嚢（というより丸めた革袋）はこの横棒にくくりつけるのである。

穴掘り道具——フルカにつきものなのがドラブラ dolabra（ツルハシに似た道具）だ。これは竿本体にくくりつけてあ

110

る（ドラブラはふつう、剣と盾とピルムを合わせたより出番が多い。くわしくは第8章を参照）。

マント──気候によるが、軍団兵はマントも丸めて雑嚢に入れている。マントはふつう毛織物なので重い。マントの防水性を高めるには、ラノリン（羊毛脂）にさらに浸すのが一番だ。羊毛のもとになる羊は、この脂のおかげで、雨がちな山腹でも身体を濡らさずに過ごせるのである。ラノリンは少し芳香があるため、兵士8人がひとつの天幕でマントを寝具代わりに使っていると、どうしてもにおいが鼻につく。しかし、肌にたいへんよいという利点もある。

パテラ──軍団兵ならこれなしで行軍に出ようとはしない、という物品がもうひとつある。それがパテラ patera だ。万能のコップであり、鍋であり、どんぶりでもある。最高のパテラは直径が7インチほど〔約18センチ〕で、青銅製のものだ。また錫で内張りされていることもあり、さらに溝が彫ってあって、料理の熱が伝わりやすいようにくふうされている。地面に置くことも多いから、底が丸いものより底面が広くて平たいものを選ぼう。重いもののほう

パテラはよいものを選ぼう。剣は遠征中に1度か2度怒りに任せて使う程度だろうが、パテラは1日に2度か3度は使うのだから。

が頑丈で長持ちするが、行軍のさいにはそれが欠点になる。軍団生活の常で、ここでも2つの悪条件のうちどちらかを選ぶしかないというわけだ。

水筒——水筒を選ぶさいも同様の決断を迫られる。あまり知られていないが、水はびっくりするほど重い。したがって、数ポンド（場所による）の水を持ち運ぶか、水なしで渇きに苦しむ危険を冒すか、兵士はどちらか選ばなくてはならない。地域によってはヒョウタンが使える。中をくり抜いて蠟で栓をすれば、すばらしい軽量の水筒になるのだ。把手はつけられないが、ヒョウタンを網で包み、それに紐をくくりつければ持ち運びも容易である。

糧食——このほかに数日ぶんの食糧（ブッケッラトゥム buccellatum という一種の固い食物も含む。食用になると言われており、数年はもつらしいが、盾の穴をふさぐのにも使えそうな代物である）も加えなくてはならない。

　これだけのものを担いで、軍団兵は世界に立ち向かうことになる。当然ながら、行軍中でも陣営でも所持品はもっと増えるはずだ（幸いなことに、天幕などの物品はいまもラバや牛車で運ばれる）。とはいえ、どんな軍であっても、所持品をなくしたくなければ肌身離さず持ち運ぶのが一番だ。

✛✛✛

　歩兵は駄獣も同然だ。　——ヨセフス『ユダヤ戦記』3・95

✛✛✛

ローマ軍豆知識

ウェスパシアヌス帝はあるとき、水兵たちから履物代を要求された。港からローマまでくりかえし行軍して履物がすり減ってしまったというのだ。ケチで知られたウェスパシアヌスは、それに応えて裸足で行軍するよう命じた。

✣

軽微な命令違反をおかした軍団兵は、ベルトなしでチュニックを着るという恥ずかしい格好で歩哨に立たされることがある。

✣

ロリカ・セグメンタタ一式の重さは12〜15ポンド〔5〜7キロ〕になる。軽い鎧は薄くて防御力が弱いことを意味するものの、行軍のときは疲れにくいという利点がある。

✣

青銅の兜はいまも現役だが、これは避けたほうがよい。

✣

一般に戦闘後に最も傷みが激しいのは盾で、頻繁に修復または交換が必要だ。

✣

剣の鞘はウァギナ vagina という。

✣

マントの防水に用いるラノリンは、のちに基礎化粧品に使われることになる。それどころか、ある有名な化粧品ブランドの名は「ラノリン」に基づいていると言われているほどだ。

1個分隊用の糧食。遠征中の部隊は小さな挽き臼を持ち運んでいるが、急ぐときには穀物を粉に挽かずにそのまま茹でて食べることもある。生野菜も喜ばれる。地方出身者なら、手早く罠をしかけて野生のウサギをとらえる方法を知っているものだ。

第5章

訓練・軍規・階級

**si duo imperata inter se repugnantia simul tibi
faciuntur, ambo sequere**

相矛盾する命令を2つ受けたら、両方に従え。

訓 練

訓練は大きく5つのステップ（易しいというより徐々に難度のあがる）に分かれる。やっと最悪を脱したと思うたびにハードルがあがり、さらに高度な訓練が始まるように考慮されているのだ。

1　行進

偉大な将軍スキピオ・アフリカヌスは「歩けない兵士がなんの役に立つのか」と言った。軍はこの教えを肝に銘じていて、おかげで新兵が最初に学ぶのは陣営周囲の地形だ。何度もくりかえし歩かされるからである。訓練部隊が5時間で20マイル歩けるようになったら、次は12時間で40マイルに挑戦させられる。それもクリアしたうえで、さらに翌日も動けるようになったら、また20マイルに戻る——が、今度は完全武装してである。ここでは、軍団の

標準的な歩調に慣れることが重要だ。ローマ軍はきれいに整列して行進することを好むし、落伍者にはまず容赦しない。軍団兵であるとはほぼ行進することであると言ってよい（それ以外は、だいたいにおいて見映えがよいことと人を殺すことだ）。訓練を完了して常設の陣営に宿舎を割り当てられてからも、長距離の行進訓練がしょっちゅうあると思ってまちがいない。

2　柱相手の戦闘訓練

　戦場にたどり着ける——それがどんなに遠方であっても——ようになったら、着いてからなにをすべきか教えられる。武器の訓練は、剣闘士が受ける訓練とだいたい同じだ。これまたマリウス時代に導入された新機軸である。将軍に昇進したマリウスは、剣闘士の教官たち——リティリウス・ルフス将軍が用いていた——によって訓練された兵士のほうが、自分の部下たちよりおおむね優秀であることに気づいたのだ。そんなわけで、訓練中の剣闘士と同じように、軍団兵が最初に戦う敵は大きな木柱である。つまりこれを相手に剣を練習するわけだ。この木柱は、悪天候でも訓練に支障がないように屋内に設置されることもあるが、たいていは屋外に立ててある。司令官たちは兵士をリラックスさせることに心を砕いていて、それには雨のなかで訓練したあと、鎧が錆びないように何時間もかけて油をさしたり磨いたりするのが一番だと思っているのである。

　そういうときでも、少なくとも剣と盾は濡らさずにすむ。訓練は木製の盾と剣でおこなわれるからだが、この盾

116

と剣はすぐに、パルティア人やダキア人よりも激しく憎まれるようになる。抜け目のないことに、どちらも標準装備よりかなり重く作られているからだ。これで何時間も柱を攻撃し、刺したり突いたりフェイントをかけたり突進したりするうちに、腕が鍛えられるというわけである。後世の著作家ウェゲティウスが言うように、軍団兵は「剣の刃［切尖ではなく］を用いる者を嘲笑う」ものだが、グラディウスはバランスのよい武器であり、訓練では刃の使いかたも教わることになっている。

3　ピルム訓練

　剣がある程度たくみに使えるようになり、木柱がもはや恐ろしい敵ではなくなったら、今度はピルム訓練が始まる。どうせそうだろうともう予想はつくだろうが、訓練用のピルムは標準品より重い。また訓練用のピルムの先端には、鋼の穂先ではなく先皮——突かれれば痛いが、ほとんど擦り傷もできないぐらいの固さの——がついている。これは、ピルム訓練では投げかたと受け止めかたの2つを練習するからだ。このときは2隊に分かれてお互いに投げたり受け止めたりして練習する。これは剣術訓練でもいずれおなじみのやりかたになる。木柱が生きた人間に代わるわけだ。このときも武器には覆いがつけられる。練習相手はふつう同じ新兵仲間だが、ときには古参兵が出てくることもある。にやにや笑っているのは、新兵に自分の未熟さを思い知らせてやろう、それもできるだけ痛い目を見せてやろうと楽しみにしているからだ。

4 敏捷性を鍛える

　身体によく合う鎧の重要性を軽視していた兵士は、ここに来て自分の誤りを思い知ることになる。兵士は完全武装で梯子をのぼり、堡塁を飛び越えるわけだから、敏捷性を鍛えておくことが重要だ。そんなわけで、どんな兵舎にも跳馬は備えつけてあり、完全武装でそれに飛び乗ったり飛び越えたりしなくてはならない。鎧の内側にごつごつしたところがあると、落ちるたびにその部分の皮膚に青あざができる破目になる。慣れてくるにつれて課題はむずかしくなり、しまいには抜き身の剣はもちろん、ピルムまで持って跳馬に挑まされる（こうなると、転倒すればますますやばいことになる）。よい面も指摘しておくと、跳馬訓練でとくに頭角をあらわした者は、軍団騎兵隊に配属されて本物の馬を扱う身分になりあがれる可能性がある。

✛✛✛

　兵士はみな、実戦に臨むかのように全精力を傾けて、日々訓練に励んでいる。　　　──ヨセフス『ユダヤ戦記』３・５

✛✛✛

5 演習

　１人の兵士としてまずまず力がついてきたら、次は部隊のメンバーとしてまずまずの力をつけねばならない。演習に次ぐ演習、まずは練兵場で、次は開けた野原で、掛け声やらっぱの合図で、部隊が１個の有機体のように動くところまでそれが続く。新兵ひとりひとりが陣形中の自分の位置を覚え、間違った位置に来てしまったらどうするか、縦

戦闘に備える。軍団兵はみな完全武装で盾を構えている。肩と肩を接して密に集まっているが、戦闘能力が損なわれることはない。密集陣形の訓練をみっちり積んでいるからだ。

列から楔形に陣形が変わるときはどう動くか、あるいは
（あってはならないことだが）戦列が崩れたとき、防衛のた
め円陣を組むにはどうするか、また交代部隊が来たとき、
列を乱さずに後退するにはどうするかを学んでいく。次
に、凹凸の激しい土地で、前や後ろや横に全速で移動して
いるときに、上記の陣形変更をおこなうための訓練をす
る。ここまで来ると、命令がすぐに聞こえる兜の重要性が
身にしみてわかる。最も反応の鈍い者がかならず教官の
「特別な」注目を浴びることになるからだ。

労多くして功も多し

と　くにつらい1日のあとには、こんなにあざだらけに
　　なり、怒鳴られ、疲れ果ててなんになるのか、あの
サディスティックな教官が楽しんでいるだけではないかと
感じたりするかもしれない。率直に言って、実際にそのと
おりという場合もあるだろう。しかし訓練の目的は、戦闘
技術を身につけつつ身体を鍛えることだけではない。将来
苦しい戦闘に直面したとき——休息も食事も援軍もとうぶ
ん期待できそうにないとき、隣で戦う仲間の兵士たちとと
もに、腰をおろしもせず、さまざまな不当な扱いに不平も
こぼさず、楽に仕事をこなしている自分に気づくときがき
っと来る。そしてもちろん、あの教官もその場にいたらい
いなと空想する喜びもある。戦闘が熱を帯びるたびに、新
兵時代にしごいて恨みを買った兵士たちに向かって、ちら
ちらと不安なまなざしを送る姿を想像しよう。

この厳しい訓練を通じて、自分は歯車のひとつだという自覚が生まれる。それも、きわめて機動性の高い殺人マシンを形作る、高度に統合された歯車だ。片手間に兵士をやっている敵軍の連中は、わが軍団の訓練も軍規も知らず、戦術的展開能力のかけらもないのだから、それを思えばいよいよ気が楽になるだろう。さらによいのは、敵軍もそれを知っているということだ。よく言われるように、士気は数より少なくとも３倍は重要だとすれば、みっちり訓練を積んだ兵士はそれだけ有利に戦闘に臨めると、要はそういうことである。

✝✝✝

　［軍団長に］祝意を表する。諸君らをこれほど称賛すべき兵士に鍛えあげたのだから。
　　　ハドリアヌス帝から第Ⅲアウグスタ軍団への言葉。後128年——『ラテン語碑文選集』2487

✝✝✝

軍規、あるいは初心者のための十分の一刑（デキマティオ）

古き悪しき時代

　ああ、ローマ軍の名高き軍規！　たき火のまわりでは、身の毛もよだつほど具体的に、昔の苛烈な刑罰の話が語られるものだ。たとえば前294年のサムニウム戦争のさい、ある部隊が敗れて逃げだしたとき、指揮官のアティリウス・レグルスはべつの歩兵部隊でその退路をふさぎ、逃げる兵士を脱走兵として斬り捨てたという。またティベリウ

ス帝の祖先アッピウス・クラウディウスは、戦闘から逃げた部隊の兵士10人に1人を杖で打って殺している（「デキマティオ」の語はここから来ている〔語源の「デキムス」は「10番め」とか「10分の1」の意〕）。またアクィリウスという将軍も同じことをしたそうだ（もっとも、こちらは首を刎ねているが）。第1回三頭政治の一翼をになったクラッススは、スパルタクスの反乱のさいに逃げた部隊に十分の一刑を科し、またマルクス・アントニウスもクレオパトラを口説いてばかりいたわけではなく、攻城機械に敵が火をかけるのを許した2個コホルスの兵士10人に1人を処刑している。後18年、第Ⅲアウグスタ軍団の兵士はアフリカのヌミディア人から逃げたかどで、フストゥアリウム fustuarium（以下参照）によって10人に1人が処刑された。共和政期、この厳罰の前例を作ったのはヒスパニアのメテッルス・マケドニクス将軍である。部下の兵士が敵に防御陣地を奪われて逃げてきたとき、生き残った兵士に時間を与えて遺書を書かせ、陣地を取り返すまで戻ってくるなと言い渡して送り出したという。

軍団兵の逆襲

　断わっておきたいのだが、こういう厳罰主義はほとんどがずいぶん昔の事例で、職業的な軍が設置される前の話なのだ（最後に十分の一刑を実施したのは、後69年のガルバ帝ではあるが）。それに昔の話とはいえ、軍はかならずしも黙って罰を受けていたわけではない。同じくヒスパニアで、指揮官のセルウィリウス・ガルバ——これはたまたまだ

が、ガルバ帝の祖先だった——が、騎兵に無礼な冗談を言われて立腹し、罰として敵のうようよしている山に薪を集めに行けと命じたことがある。これに多くの兵士が憤慨して、自分からこの薪集めに参加したため、数に圧倒されて敵は寄ってこなかった。帰還すると、兵士たちは集めてきた薪を指揮官の天幕の周囲に積みあげて火をつけている。

　プロの軍隊でも、衝動的にプロらしからぬ行動に出てしまうことはある。たとえば——

✞✞✞

　怒りの激発に目がくらみ、かれらは剣を抜いて百人隊長たちに襲いかかった。はるか昔から兵士に憎まれてきた存在だし、そもそもかれらを最初に激怒させたのは百人隊長たちだったからだ。百人隊長たちは地面に押し倒されてめった打ちにされ……ずたぼろにされて（息絶えていた者もいた）要塞から放り出され、ライン川に投げ込まれた。

——タキトゥス『年代記』1・32

✞✞✞

百人隊長にとくにつらく当たられたら、この微笑ましい逸話を思い起こそう。

実際のところ

　こういう身の毛もよだつ話はあるものの、軍規で苦しむ程度は地域や軍団長によって大きく異なるというのが現実だ。たとえばパルティアがのしてくる以前、東方の軍団がどんな暮らしをしていたか、古参の軍団兵のなかにはいまも憶えている者がいるだろう。

✛✛✛

　これはよく知られた話だが、この軍には古参兵でありながら歩哨も夜警もしたことがない者や、兜も胸当ても持たない者もいた。裕福な実業家らしく洒落た格好をして、城壁も塹壕も知ることなく、つねに町で暮らしていたのだ。

　　　　　　　　　　　　　——タキトゥス『年代記』13・35

✛✛✛

　軍団兵がちょくちょくこんなバラ色の生活を送れるわけではないし、現実問題として、いい加減な指揮官のほうが楽ができるともかぎらない。百人隊長が容赦なく賄賂をとるのを放っておくかもしれないからだ（第7章「陣営生活」参照）。いっぽう、規則に厳しい指揮官はじつはありがたい存在だ——兵士のほうも規則厳守ならばだが。いずれにしても、同じ罪ならいつでも同じ厳しさで罰せられるというわけでもないし、初犯であればかなり大目に見てもらえるものだ。ある時期や場所では厳しく打擲される破目になっても、べつの時期や場所ではきついお小言だけですんだりすることもある。

処 罰

軍団生活中に待ち構えている処罰について、ここでは軽いものから順に説明する。軽い罰はしかたがないと、集団罰は運が悪かったとあきらめよう。また、重大な規則違反や職務怠慢は2度犯せないことを忘れないように。なぜなら1度めで処刑されるからだ。

軽微な罰──だれでも1度は受ける

叱　責 castigatio──百人隊長はこの罰を食らわすために
ウィティス　vitis（葡萄の木の枝で作った棒）を持ち歩いて
いる。それで軽く一発食らうぐらいですむこともあるが、
さんざんに打ちすえられることもある（先に述べた、後14
年にライン川に放り込まれた百人隊長の1人は、「もう1本野
郎」というあだ名をつけられていた。1度の罰で、この棒をた
いてい2本以上だめにしていたからだ）。

罰　金 pecuniaria multa──損害分を差し引かれるこ
と。装備をなくした（理由にかかわらず）とか、地元民と
騒動を起こしたとかいう場合のごく一般的な罰で、その損
害分が給料から差し引かれる。

労　役 munerum indictio──余分に勤務を科される
こと。たいていは厩舎とか便所まわりの仕事をやらされ
る。ただし、適当な百人隊長に賄賂を贈れば、わりあい簡
単にペクニアリア・ムルタに代えてもらえる。それどころ
か、百人隊長は賄賂目当てでこの罰を与えているのではな
いかと疑われる場合も多い。この労役は屈辱的な格好でや
らされることもある。よくあるのが、ベルトを締めずにチ
ュニックを着て、女のドレスのような格好で歩哨に立たさ
れるという罰である。

　以上は、日常生活でのささいな規則違反のほとんどに適

用される。もっと重大な犯罪や職務怠慢になると、それに
応じて罰は厳しくなっていく。

重大な罰——回避すべし！

軍務変更 militiae mutatio——階級を剥奪されること、
ミリテイアエ・ムタテイオ
あるいは長期勤務による特典を失うこと。長期間勤めて、
ふつうは苦労を重ねた末に手に入れるものだけに、これを
失うのはかなりこたえる。グラドゥス・デイエクティオ
gradus deiectio（降格）も同様の特典喪失をともなうが、
こちらはより格下の部隊への転属とセットになっている。

杖　　　刑 animadversio fustium——杖打ちの刑だ
アニマドウエルシオ・フステイウム
が、百人隊長から何度か打たれる程度ではなく、部隊全員
の前でおこなわれる本格的な杖打ちだ。陣営の歩哨中に居
眠りするなどの重大な職務怠慢に対する罰である（盾をピ
ルムで支え、その盾に寄りかかって居眠りなどしてはいけな
い。ぐっすり眠り込んでしまうとその不安定な三脚が崩れ、も
のすごい音がしてばれることになる）。

杖打ちによる死刑 fustuarium——陣営で居眠りして見つか
フストウアリウム
った歩哨には厳しい未来が待っているが、軍の出陣中に居
眠りした歩哨に未来はない。死ぬまで杖で打たれることに
なるからだ。これは陣営の幹部将校——最低でも兵士トリ
ブヌス以上の階級の——による審理をへて実行に移され
る。判決がくだると、トリブヌスは有罪を宣告された兵士
を杖で軽く打ち、一歩下がる。そのあとは仲間の兵士たち

しだいで、蹴り殺されたり杖や石で打って殺されたりする。陣営に夜襲の危険があったりすれば、怒りに任せて徹底的に実行されることも多いが、人気のある兵士なら、一生障害が残るぐらいですむこともある。

集団罰（軽微な順）

食 事 抜 き frumentum mutatum——フルメントゥムとは、毎日配給される食料のことだ。処罰の対象となった部隊は食事から肉が抜かれたり、小麦が大麦に差し替えられたりする。大麦はふつう家畜の餌だから、これはかなりの屈辱だ。またさらなる侮辱として、同時に給料が減額されることもある。

壁 の 外 extra muros——軍団陣営の塀の外に部隊ごと追い出され、そこに天幕を張って寝起きさせられること。友好的な地域で、気候が温暖な時期であっても、軍団兵にとってはなじみの共同体は陣営しかないのだから、そこから追い出されるとやはり心細さが身にしみる。この重い集団罰は、数々の軽微な罰をともなうことが多い。また、十分の一刑を受けた部隊では、生き残りの兵士はふつう壁の外に追い出され、戦場で生命知らずの大活躍でもしないかぎり、なかに入れてもらえないことも少なくない。

不 名 誉 除 隊 missio ignominiosa——この罰が下されるのは、ある部隊がまったく役に立たず、ローマ軍に加えていても意味がないと皇帝が判断したときである。その部

隊——軍団全体ということもある——のメンバーは全員が
不名誉な除隊を命じられ、死ぬまで後ろ指をさされること
になる。年金はもらえない。ミッシオ・イグノミニオサは
また、何人か選んで適用されることもあるので注意。

✛✛✛

　彼［将軍ゲルマニクス］が過ぎし日の栄光であった規律は
　どうなったのかと尋ねると、かれら［兵士たち］は苦々しげ
　に笑い、身体に残る鞭の傷跡を見せた。

——タキトゥス『年代記』1・35

✛✛✛

階級——下から順に

階級と言ってしまうといささか誤解のもとだ。ローマ
軍の軍団兵には昇進の道筋などないからである。兵
卒として入隊した者は、たいてい25年後も同じ兵卒として
除隊していく。百人隊長になりたい者は、華々しい手柄を
立てて一兵卒からの昇進を狙う場合もあるかもしれない
が、ふつうは入隊前に現金かコネによってその地位を買収
することになる。もっと高い階級——軍団長、および軍団
長と同じ天幕で寝起きする兵士トリブヌス——は政治的に
指名されるもので、軍務を経験したうえでさらに立身出世
を狙う人々のためにある。

　とはいえ、すべての軍団兵が平等というわけではない。
平等のなかにもより平等な者はいるし、野心がある者は一
般の有象無象を置き去りに、どんどん先に進んでいくもの

だ。

†ムニフェクス munifex

新兵はたいていムニフェクスから始める。ムニフェクス
とは、なんの階級も特権ももたない兵士のことだ。昇進の
梯子の最下段ですらなく、その梯子を支える土台でしかな
い。きみがムニフェクスなら、部隊の天幕を運ぶロバでも
たぶんきみより上だ。

†インムニス immunis

入隊して訓練をすませたら、最初の目的はインムニスに
なることだ。軍団兵は 2 種類に分かれる。特別な役
割——immunes（インムネス）——を持つものと持たない
者である。特別な技能を持たないと、薪割りや水汲みを
し、便所掃除とか肉体労働とかのつらい任務をこなさなく
てはならない。いっぽう、自分にしかできない特別な任務
を持っている兵士は、そういうつらい役目から解放されて
いる。特別な任務とは鍛冶場での仕事だったり、軍団の会
計を担当することだったりする。インムニスもやはりミレ
ス・グレガリウス miles gregarius（一般兵士）ではあるの
だが、多少は楽にやっていけるのがふつうだ。インムニス
が罪を犯すと、罰としてその地位を剥奪されることがある
のはそのためである。

インムニスになろうという向上心があるなら（あってし
かるべきだが）、配管や武器作りや大工仕事などの腕を磨く
のがよい。読み書きができれば大きな強みになる。軍団は

つねに通信や記録のために書記を必要としている。読み書きができるなら、すぐにコルニケン cornicen（らっぱ手）にそれを知らせよう。らっぱ手はふつう軍団書記を兼務しているからだ。書記になる利点の１つは、たいてい屋内仕事だということだ。といっても、人間ではなく筆記具を保護するためなのだが、書記がそれで恩恵を受けることに変わりはない。とくに数字に強ければ、シグニフェル signifer（旗手）になれるかもしれない。つまり軍団旗（鷲旗ではない。あれはもっと古参のアクィリフェル aquilifer（鷲旗手）の仕事である）の持ち手である。シグニフェルは、兵士らに誓いを思い出させる「開いた手」の紋章を持ち運ぶだけでなく、軍団兵の年金基金の管理も担当している。年金を任されるのが、戦闘中に投槍の的になりやすい兵士なのはなぜなのか、考えてみれば理由はすぐにわかる。軍団兵は旗手を守るために必死で戦うものだが、自分の年金の正確な状況を知っている男に死なれては困る、というのもその理由のひとつなのである。

　現時点では、インムニスは階級ではなく、正式な役職ですらない。血も涙もない百人隊長がインムニスを塹壕掘り部隊にまわしたとしても、歯を食いしばって耐えるしかない。そして、専門家としての軍団への貢献を高位のだれかが惜しんでくれて、もとの仕事に戻らせてくれるよう祈るしかないのだ。

✦✦✦

　［その他の］任務を免除されているのは……荷車の修理工、トリブヌスの雑用係、そして簿記係のクリアティウスと書記

のアウレリウスである。

エジプトの軍団（第Ⅲキュレナイカまたは第ⅩⅩⅡデイオ
タリアナ）の勤務表から。

——*PAPYRUS GENEVE LAT.* 1・4・B

✝✝✝

後世の旗手。部隊旗を持つのは、一般軍団兵に
とっては最高位に昇りつめたしるしのひとつ
だ。戦闘中、旗手は少なからず敵の注目の的に
なるから、この像に表現されるような勇猛果敢
で恐れ知らずの人物でなくてはならない。ま
た、行軍中に鷲旗を運ぶのも容易な仕事ではな
いので、名声と2倍の給料が約束されるとはい
え、この役目にそれだけの甲斐があるかどうか
はよく考えたほうがいい。

プリンキパリス principalis（「第1の、最初の」の意）

優秀な兵士である以外に特別な技能を持たないなら、プリンキパリスを目指そう。インムニスよりさらに地位は高いが、それだけにこれになれる軍団兵は少ない。テッセラリウス tesserarius はプリンキパリスの一例だ。その名が示すとおり、歩哨の組織運営を担当する兵士である（その日の合い言葉がふつうテッセラ tessera（陶器などのかけら）に書かれることによる）。またオプティオ optio もプリンキパリスの1人だ。これは百人隊長がほかの任務で不在だったり、胸に槍が刺さっていたりして手があかないとき、百人隊長の代理を務めるよう指名されている兵士である。軍団のオプティオたちはスコラ schola という独自の組合を作っているほか、その他のプリンキパリスたちとともに、密に結びついた一種のクラブを形成している。プリンキパリスになれば百人隊長になれるチャンスも大きいし、いずれにしても百人隊長と密接に協力することになる。この小さなクラブに靴を踏み入れることができたら、その後の順風満帆は約束されたようなものだ。

百人隊長とその他の将校についての注記

　軍団兵は、こういう軍団の幹部たちとはほとんど接点がない。基本的に、兜に横断型の羽飾りをつけていたり、胸当ての下に色鮮やかなリボンを結んでいる相手には近づかないのが一番だ。このリボンは将校のしるしだが、こういう連中を褒めるとすれば、それなりに戦闘には参加するし、死亡率は一般兵士と変わらないというぐらいがせいぜ

いだ。百人隊長もまた勇敢に戦って範を示すことになっているし、目立つ羽飾りをつけているから敵に狙われやすく、したがって戦闘ではおおぜい殺される——そうと聞いても悲しむ軍団兵はあまりいないだろうが……

軍団兵以外の階級

†百人隊長

百人隊長には複雑に入り組んだ上下関係がある。それは主として、酒場で上席に座る権利があるのはだれで、労役部隊を率いて雨のなかに出ていくのはだれかという問題に帰結するようだ。1個軍団につき、百人隊長は60人ほどいる（どの兵士に聞いても多すぎると言うだろう）。第1コホルスの百人隊長たちは他のコホルスの百人隊長を見下すものだが、それとはべつに前列（ピルス・プリオル）の百人隊長は後列（ピルス・ポステリオル）の百人隊長を見下すものである。

第3コホルスのピルス・ハスタトゥス・プリオル pilus hastatus prior（戦列中の位置を示す名称）が、第5コホルスのピルス・プリンキペス・プリオル pilus principes prior より上かどうかは、問題の2人にとっては重大問題かもしれないが、ほかの人々にすればどうでもいいことだ。ふつうの軍団兵にとっては、百人隊長はみなドロリ・ポステリオリ dolori posteriori（ケツの痛み、「煙たいやつ」の意）でしかなく、別動隊勤務でその場にいない（こういうことはわりと多い）のがなによりありがたいことである。百人隊長はある程度の裁量を持つと同時に一兵士でも

兜に目立つ横断型の羽飾りをつけて誇らしげな百人隊長。鎧には、軍功賞として与えられるトルクとパレラを飾り、片手にはウィティス（軍団兵を打ちすえるのに使う葡萄の木の杖）を持っている。

あるので、ありとあらゆる仕事を任される。たとえば外交使節を務めたり、裁判官として刑を執行したり、重要な捕虜を護送したり、急襲の際に分遣隊を指揮したり、さらには偵察やしんがりの護衛を務めたりもする。

✝✝✝

　その軍団に2人、非常に勇敢な兵士がいた。……百人隊長
のT・プッロとL・ウォレヌスである。この2人のあいだで
はいさかいが絶えなかった。

　　　　　　　　　　　　── カエサル『ガリア戦記』5・44

✝✝✝

プリムス・ピルス primus pilus ── 軍団最高の百人隊長。軍
事的戦闘でも政治的権力闘争でも強くなければなれない。
最も重要な資質は勇気と胆力、高い統率力と低い共感力で
ある。尊敬されることはあるし、たいてい恐れられてはい
るが、愛されることはまずない。

✝トリブヌス・ミリトゥム tribunus militum（兵士トリブヌス）
「兵士トリブヌスに敬礼する者がいたら、それは明かりが
暗かったからだろう」などという戯言（ざれごと）は無視すること。過
去には、政治家として出世するためだけに軍に入るニワカ
将軍もいたし、敵が近づいていると聞いてうろたえる者も
いたのはたしかだ。しかし現代の軍では、たいていのトリ
ブヌスは補助軍を指揮した経験があるし、戦場に出れば頼
れる職業軍人として1、2個コホルスぐらいは楽に指揮でき
るものだ。1個軍団につき兵士トリブヌスは5人いる。能
力はさまざまだが、野心でぎらぎらしているのは同じだ。

✝プラエフェクトゥス・カストロルム praefectus castororum
　陣営監督の意。ほかの将校たちには仕事のできない者も

いるかもしれないが、プラエフェクトゥスは骨の髄までプロである。ふつうは軍団で最古参の百人隊長で、ほかのだれよりも軍団の歴史や作戦を熟知している。幸い兵士トリブヌスより地位が高く、その助言に逆らうのはやたら自信家のトリブヌス・ラティクラウィウス tribunus laticlavius（次項参照）だけだ。プラエフェクトゥスはまた、プリムス・ピルスをわきへ呼んで短い助言を与えたり、必要なら叱責したりできるおよそ唯一の人物だ（プリムス・ピルスを経験してからこの地位に昇進することが多いのだ）。

† トリブヌス・ラティクラウィウス tribunus laticlavius

軍団長に不運が降りかかってきたとき（ローマに呼び戻され、裏切りの嫌疑をかけられて処刑されるとか）、その代理を務めるのがこのトリブヌス・ラティクラウィウスだ。「ラティクラウィウス」とは、この人物のトガに入っている幅広の縞のことで、軍団長と同じく理屈のうえでは元老院議員か、少なくとも元老院議員になれる階級に属する。しかし、元老院議員でなくとも軍団の指揮権を持つ者が出てきており、これを公職者の水準低下の徴候と見るか、軍隊の専業化の進んだしるしと見るかは人それぞれだ。トリブヌス・ラティクラウィウスは新顔の若者であり、なにをすればいいのかたえずプラエフェクトゥス・カストロルムに助言を求めるべきとされている。

† レガトゥス・レギオニス legatus legionis（軍団長）

軍団の頂点に立つ人物。軍団が属州に1個しかない場合

ローマ軍豆知識

土塁や堡塁は重要だ。基礎訓練が終わったあとでも、軍団兵は週に数時間は戦闘——と穴掘り——の腕を磨くことが期待されている。

✣

レヌス（ライン）川地域での反乱のさい、百人隊長たちを始末したあと、軍団兵たちはみずから歩哨や見回りや日々の管理業務を組織・実行した。

✣

ローマの「歩」はいまふうに言えば2歩にあたり、片足が地面を離れてから次に地面に接するまでの長さを言う。その1000倍すなわち1000「歩」が mille（ミッレ）で、これがローマ式の1マイルだが、これは1620ヤード〔約1480メートル〕、21世紀の1マイルより140ヤード〔約130メートル〕短い。

✣

ローマ軍の行軍速度は2種類ある。「軍隊速度」は急いで移動するときに用いる、時速4.5マイルの早歩きだ。「行進速度」はもっと歩幅の広いゆったりした歩きかたになる。

✣

百人隊長は尋常でない任務もこなしているが、たとえば聖パウロをローマに連行したのも、ネロ帝の母アグリッピナを殺害したのも百人隊長だ。

✣

百人隊長への昇進は、軍団長から総督に推薦されたのち、皇帝の裁可をへて認められる。

✣

インムニスのこなす専門職は、天幕作りから測量士の書記まで、少なくとも20種類はある。

は、属州総督もかねていることが多い。一般的に軍団を指揮するのはせいぜい３年か４年で、これは軍団兵と指揮官の結びつきがあまり強くなりすぎるのを皇帝が好まないからだ。ローマ全軍のかなりの部分を掌握していれば、よからぬ考えが浮かんでも不思議はないというものである。

✛✛✛

その後の９年間私は騎兵隊を指揮し、［その後］軍団の指揮官になった。

　　　　──歴史家ウェッレイユス・パテルクルスの軍歴、ウェッレイユス・パテルクルス『ローマ史』２・104

兵士トリブヌスが敵に斬殺され、プラエフェクトゥス・カストロルムが包囲され……多くの百人隊長が負傷し、前列の百人隊長も何名か殺されたとき、勇敢な一般兵士たちが……必死の勝利をかちとって栄光に輝いた。

　　　　──後９年のイッリュリアの戦いについて、ウェッレイユス・パテルクルス『ローマ史』２・112

第6章

軍団兵の生命をねらう敵たち

feminas semper molliter tracta, si ab earum viris forsitan apprehendaris

女にはつねに親切にせよ、
その夫に捕虜にされる危険があるならば。

ローマ軍に入って愉快なのは、それこそ千差万別の敵と戦えるところだ。ゲルマニアの素っ裸の部族民が待ち伏せ場所から飛び出してきて、火で焼きかためた尖った棒（と聞いて想像するよりずっと厄介な武器だ）で突いてくるのに慣れてきたと思ったら、ちょうど軍団が移動になって、今度はパルティアの騎兵隊に立ち向かうことになる。騎槍を水平に構え、両膝だけで馬を乗りこなし、無表情な鉄仮面を着け、全身すきまなく甲冑で覆い、何百騎と密集し大地を揺らして寄せてくる連中だ。雪深いカレドニア〔スコットランドの古名〕に行けば、顔を青く塗ったピクト人の戦車突撃に直面するだろうし、イェルサレムなら酒場でシカリウス派（ユダヤ人過激派）にいきなり短剣を突き立てられるかもしれない。またアフリカに配置されれば、騎馬のヌミディア人を蔵するもうもうたる埃の雲から、投槍の嵐が襲ってくることもあるだろう。いずれにし

ても、敵について知れば知るほど、生き残る確率は高くなるというものだ。ここでは、うっかり者の軍団兵の軍歴（と生命）を断ち切ってくれそうな敵について説明しよう。

ピクト人 —— 霧中の死神

概　況

　国境の南のブリトン人は平定されている。もっとも、鉛色の雲の垂れ込める空の下、むっつり不機嫌に生きるこの連中に、「平定」の語が適当かどうか。なにしろこいつらを抑えつけておくために、人口あたりで見ると帝国内のどこより多くの軍団兵が投入されているのだ（ブリタンニアには軍団が３個駐屯している。もっと広くて人口の多いヒスパニアでも１個なのに）。国境の北に行けば、ピクト人もアザミ〔スコットランドの国花〕も小さくて青紫色で、とげがあって、油断しているといきなり刺してくると知るだろう。国境のすぐ南側に住んでいれば、ピクト人の姿を見ることはないかもしれないが、まちがいなくいると推測はつくだろう。一夜のうちに、羊の群れが丸ごと煙のように消え失せたりするからである。

✦✦✦

　カレドニアの住民の赤い髪と長い手足は明らかに、ゲルマニア出身であることを示している……ガリア人ですら、かつては戦争では勇名を馳せたものだが……自由を失うと同時に勇気もなくしてしまった。早くに征服されたブリタンニアの部族でもそれは同じだが、それ以外の部族はいまもかつての

140

武器を振りあげて、待ち伏せしていたピクト人がまた突っ込んでくる。隠れ場所からいきなり飛び出し、カレドニアの谷間の斜面を全速で駆け下りてくるのだ。油断していたローマの偵察隊にはとんだ災難である。

ガリア人のようだ。──タキトゥス『アグリコラ』11

✝✝✝

　「ピクト」というのは、兵士たちが北部のブリトン人を呼ぶときの俗称で、語源は「絵」と同じ。どちらも色が塗ってあるからだ。ピクト人が色つきだというのは、全身に刺青を入れているせいもあるが、出陣前に身体に大青〔アブラナ科の植物ホソバタイセイの葉からとった青色の染料〕を塗りたくるためでもある。大青の青とピクト人の赤毛は色彩的に不調和もはなはだしく、そのため不慣れな敵が吐き気を催し戦意喪失という効果もあるが、大青には殺菌作用があるため、負傷したとき傷口が化膿するのを防ぐ

という目的もある。カレドニア人は大半がピクト人だが、近年では金髪のブリトン人も交じってきている。ローマの支配に我慢できない者たちが北部に移住しているのだ。

戦闘法

　ピクト人は部族意識が強く、ふだんは部族間で殺しあいに励んでいるが、ローマ軍を襲うときはその限りではない。攻められて不利と見れば、山塞に引っ込んでひじょうに巧みに防衛する。こういう山塞を攻めるときは、よほど用心深い見張りを多数立てて囲んでおかないと、夜明けに襲撃したときはもぬけのからになっていて、気がつけば背後の谷間でローマ軍の補給段列が掠奪されていたりする。

　この「解散してよそで集合」という戦術は、後80年代に不運な第Ⅸ軍団への夜襲で用いられた。この戦術は効果てきめんで、騎兵隊が救援に駆けつけなかったら軍団は全滅していたかもしれない。ボウディッカによる同様の攻撃からやっと立ち直った直後にこれだったから、第Ⅸ軍団では青という色は嫌われている。

　後84年、カレドニア北部のグラウピウス山という場所で、ピクト人とその同盟部族を相手に、ローマ軍は大規模な戦闘を展開した。ローマ軍はこの戦いに勝利したものの、なんとも腹立たしいことに、２万の敵は周囲の山々に溶けるように消えていき、偵察隊を送り出しても発見することができず、まして戦闘に引き戻すなどできるわけもなかった。このときのピクト人たちやその子供たちは、いまもそのあたりをうろついていていまだに征服されていな

い。おかげでローマ軍の食糧徴発隊が、霧のなかから亡霊のように出現するピクト人に出くわす例が多発している。そういう場合、捜索に出た偵察隊がその徴発隊のなれの果て（原形をとどめていることもある）を発見することになるのだ。

✛✛✛

大地と自由の最果てに生きるわれわれにとって、栄光のブリタンニアというこの極北の聖域はいままでは守りの砦だった……さあ、元気いっぱいで屈伏を知らない民族として、この交戦のしょっぱなから見せつけてやろうではないか、カレドニアにどれほどの英雄たちがいるか。

——グラウピウス山の戦いの前、ブリタンニアの指導者ガルガクスによる演説。タキトゥス『アグリコラ』30〜

✛✛✛

まとめ

軍規も統制もないも同然、槍と粗末な盾のみで戦う相手（高位の戦士は剣や、輸入または掠奪した鎧を持ってはいるが）など、まともな敵とは言えないと思うかもしれない。事実、軍と軍の戦闘であればピクト人を打ち負かすことはできる。グラウピウス山の戦いのときのように、補助軍だけでも勝てるぐらいだ。しかし、ゲリラ攻撃となると話がべつで、そのあまりの激しさに、北部からは完全撤退するという話が出ているほどなのである。島を横断する壁を建設し、カレドニアは存在しないことにしようというわけだ。北部のインチトゥトヒル要塞の軍団守備隊はすでに撤収しており、補助軍の駐屯地の放棄も急速に進んでいる。

1　姿が見えなくてもいないとはかぎらない。

2　姿が見えたときには手遅れかもしれない。

3　ピクト人の征圧は容易だが、征圧されたことを理解
　　させるのは不可能に近い。

4　ピクト人と戦うとは、霧と戦い、長くじめじめした
　　冬と戦い、チュニックや足指のあいだに生じるかび
　　と戦うことでもある。

ゲルマン人——テウトニの狂乱

✛✛✛

　ゲルマン人には、途方もない狂暴性とある程度の計算高さ
が同居している。信じられないと思うのは、この天性の嘘つ
き民族とつきあった経験がないからだ。……

　　　　——ウェッレイユス・パテルクルス『ローマ史』2・118

✛✛✛

概　況

　レヌス（ライン）川地方から引き上げてきた経験豊富な
軍団兵（たとえば第 XXII プリミゲニア軍団の古参兵など）に
出会ったら、ゲルマン人と戦うのはどんな感じだと尋ねて
みよう。そうしたら、うんざりしたようにため息をついて
「どのゲルマン人だ？」と訊きかえしてくるにちがいない。
こういう「玄人」にとっては、ゲルマン人（どれもみんな
大柄で毛深くて狂暴だが）にはさまざまな風味の差があるら

常になく物思わしげなゲルマン人戦士。まともな作りの盾と鉄の穂先の槍を持っていることから、これは比較的裕福な人物の図である。温和な部族民と思っていると、いきなり血に飢えた刺青の悪鬼に豹変して、奇声をあげだすので油断できない。

しい。たとえばフリシイ族、ケルスキ族、カッティ族は、ローマ人にはあまり似ていないかもしれないが、100年にわたるつきあいのおかげで多少はローマ化が進んでいる。一般的な部族民はいまもビールをがぶ飲みしているが、そのいっぽうでワインの味もわかるようになっており、族長などはヴィンテージについていっぱしのことを語ったりするかもしれない。

+ + +

　……その他のゲルマン人の部族、すなわちケルスキ族、カッティ族、ガマブリウィイ族、カットゥアリイ族、そしてまた海の近くには、スガンブリ族、カウビ族、ブルステリ族、キンブリ族がおり、またカウキ族、カウルキ族、カンプシア

ニ族などがある。　　　　　──ストラボン『地誌』7・3

+++

　こういう戦士たちはまた、何十年も軍団兵相手に戦って
きており、とくに抜け目のない指導者たち──たとえばア
ルミニウス〔後9年、テウトブルギウム（トイトブルク）の
森でローマの3個軍団を殲滅〕やキウィリス〔後69〜70年の
反乱を指揮して2個軍団を撃破〕──は軍団に属していた経
験を持ち、後年そこで得た軍事能力をその軍団に対して使
ってくる。行き当たりばったりの攻撃では、狙いすました
ピルムの雨にはかなわないことを学習しているし、また開
けた場所では軍団兵に虐殺されるだけだが、深い森（沼沢
だらけならなおよい）のなかではゲルマン人に分があると
知っている。そしてゲルマニアは気が滅入るぐらい沼沢地
と森だらけなのだ。半ローマ化したゲルマン人は鎧にくわし
く、剣術にもたけている。ラテン語で独創的な罵詈雑言
も吐けるし、戦闘相手の軍団兵の不平不満をかぎとって、
寝返りたければ歓迎するとそそのかすことすらできる。

+++

　この蛮族たちはローマふうになじみ、市（いち）を立てたり平和的
な集会を開いたりすることに慣れた。周到な［ローマの］監
督のもと、徐々に、そしてそれと気づかないうちに古い習慣
を忘れていったのだ。そのため、生活様式が変わることに不
安を抱かず、知らず知らずのうちに変容が進んだ。

　　　　　　──カッシウス・ディオ『ローマ史』56・18

+++

146

戦闘法

　本来のゲルマン人戦士と戦いたければ、北部か東部へ行くしかない。セムノネス族やクァディ族のような部族は、いまも衣服らしい衣服も着けず、フラメアという恐るべきゲルマンふうの戦槍１本持って戦闘におもむく。緻密さに欠けるところは血に飢えた凶暴性で補い、すぐれた装備に欠けるところは数で補う。よく用いる戦術は、圧倒的な数の戦士をくさび形に密集させ、上等な防具を着けた者を外側に置いて、まっしぐらにローマ軍の戦列に突っ込んでくるというやりかたである。こういう野蛮なゲルマン人の突撃のことを「テウトニ〔ゲルマン人の一部族の名だが、ゲルマン人全般をもさす〕の狂乱」と言い、実際に経験してみなければほんとうには理解できないが、この突撃で戦列が崩されれば軍団兵には最後の瞬間が訪れるわけで、ほんとうに理解するどころではなくなるだろう。

　この突撃に失敗すると、ゲルマン人はふつう再度の突撃を試みようとはせず、現われたときと同じようにいきなり森のなかに消え失せてしまう。そこで軍団兵は死体を調べ、頭頂で束ねる変わった髪形（スエビ族の特徴的な髪形）に驚いたり、フランク族が投げてくるおどろおどろしい斧を盾から抜いたりするわけだ。突然の襲撃に出会ったら、筋骨たくましい護衛を従えた、上等の鎧を着た男を探そう。これが首長で、攻撃に失敗すると部下を率いて森に戻っていくのだが、この首長を殺すと部下たちは死ぬまで戦う。首長とともに戦って死ぬと誓いを立てていて、その誓いを破って帰るわけにはいかないからだ。

逆に突撃が成功した場合は、軍団兵もやはり死ぬまで戦ったほうがましかもしれない。ゲルマン人は捕虜に容赦しないし、特別むごたらしい方法で人身御供を捧げる習慣があるからだ。

まとめ

　ゲルマン人は一般に、ありがたいことに怠惰ででたらめでだらしない民族で、効率重視で勤勉で訓練の行き届いたイタリア人とはちがう。ゲルマン人はだいたいにおいて、ローマ人を殺すのと同じぐらい仲間どうし殺しあうのを好んでいるようだ。ローマ軍の戦列（このあたりではリメス limes すなわち「境」と言う）に攻撃をしかけられるのを防ぐため、ある集団に荷車いっぱいのワインを贈ってべつの集団を攻撃させる、という手段がよく用いられている。「分割して征服せよ」がローマの古くからの戦術であり、レヌス（ライン）川地方ではこれがことのほか有効だ。

備考

1　沼沢や森に近づかないこと。要するにゲルマニアには足を踏み入れないということだ。

2　ゲルマン人の猛攻は４分で終わる。こつは５分後まで生き延びることである。

3　なるべく長く戦闘を避けること。そうすればゲルマン人は内輪で戦いはじめる。

4　ゲルマン人の兵士は使いものにならないと常づね罵倒している将軍も、傭兵として雇うとなれば大喜び

で飛びつくものである。

ユダヤ人——芸術としての非対称的抵抗

軍団兵を殺そうとする敵はいくらでもいるが、それに
失敗したときこちらを訴えることができるのはユダ
ヤ人だけだ。なにしろユダヤ人には、ローマ帝国市民であ
るという強みがある。もっとも、かれら自身はそういうふ
うには考えていない。2世代前に属州として編入されてか
ら、誇り高くて頑固なユダヤ人たちは、後66年に感謝のし
るしとして反乱を起こし、ベスホロンで第 XII 軍団に全滅
に近いほどの被害を与え、その鷲旗を強奪しているのだ。

概　況

　のちの皇帝ウェスパシアヌスによって反乱は鎮圧され、
ウェスパシアヌスの息子ティトゥスの指揮する攻城と掠奪
で、イェルサレムはほとんど跡形もなくなった。しかし、
ユダヤ人は敗北でへこたれるような連中ではなく、法の枠
外でも枠内でも抵抗を続けている。ユダヤ人には律法を学
んできた長い伝統があり、多くが自国の法も帝国の法も熟
知している。その結果がひっきりなしの皇帝への使節団
で、かれらは現実の、あるいは想像上の不正を皇帝にこと
こまかに直訴してくる。そのいっぽうで、大規模かつ精力
的なゲリラ集団が地方部では軍を苦しめている。次の世代
かその次ぐらいには、また全面的な反乱が起こるのはほぼ
確実だ。

この文脈で頻出するのがリスティム listim という語だ。見る人によって、リスティムは政治的な徒党とも、ゲリラともテロリストとも言われる。いっぽうラビ〔ユダヤ教の宗教的指導者〕はローマの当局を指してこの語を使うので、確実に言えるのはほめ言葉ではないということだけだ。

　軍団兵にとって悩ましいのは、味方のユダヤ人と敵のユダヤ人の区別がつかないということだ。これはユダエア国

ユダヤの抵抗運動の闘士たち。ユダエアがローマの属州になったおかげで、浴びせられる罵詈雑言の大半がこちらにも理解できるようになった。Romani ite domum（ローマーニー・イーテ・ドムム、「ローマ人ゴーホーム」）などはかわいいほうである。

内に限った問題ではない。キュレナイカやアレクサンドリアやキュプロスにもユダヤ人はおおぜい住んでいて、反乱の機会をうかがっているのである（ローマにも、もっとお行儀のよい同国人が５万人ほどいる）。

　いっぽうでは、フラウィウス・ヨセフスのように、反乱の指導者としてローマと戦ったのち、その後は死ぬまで両者の架け橋になろうと努力した者もいる。そしてまた、ローマ人を迎え入れることに肯定的なラビの集団もあるが、その小さからぬ理由は、ローマ人と戦っていればユダヤ人が仲間うちで戦うのを防ぐことができるからである。

✦✦✦

　［ユダヤ人は］政府の平和を祈るべきだ。政府への恐怖がなければ、私たちはお互いを生きたまま呑み込んでいただろうから。　　　　　　　　——『父祖の倫理（ミシュナー）』３・２

✦✦✦

抵抗運動の種類と戦法

　そのいっぽうで、マカベア家のように、侵入者に抵抗するというユダヤの長い伝統に忠実な連中もいる（アッシリア、ペルシア、セレウコス朝シリアもユダヤ人には手こずっている）。ゼロテ派はこの思想をさらに進めて、武装蜂起を義務と考える一派だ。このゼロテ派をすら弱腰だと考えるのがシカリウス派で、というのもゼロテ派はシカリウス派の伝統的活動である大量暗殺や誘拐や脅迫（ローマ人だけでなく、かれらの大義にあまり熱心でないユダヤ人もすべて対象になる）を実行しないからである。

✦✦✦

というのは、ユダヤ人は外国人がユダヤの都市に家を構えたり、外国の宗教儀式が根づくのを耐えがたいことと考えていたからである。

　　　　　　　　　——カッシウス・ディオ『ローマ史』69・12

✝✝✝

　全般的に言って、敵対的なユダヤ人社会で暮らしていれば退屈するひまはない。ピルムを引きずっていると暴徒抑制のために駆り出されることがあるが、穂先をなまらせた槍でも、それを使ったりとくに熱心に投げたりすると、代表団が総督に送られて「過剰な暴力」について苦情が申し立てられることになる。ユダヤ人が反乱を起こすと悪霊に取り憑かれたような戦いかたをするので、皇帝たちはかれらの感情を害さないように気をつかう。たとえばある軍団兵などは、ユダヤ人の前でチュニックのすそをからげて性器を見せて侮辱したとして処刑されているし、皇帝を神と崇めるように命じられないのは、帝国の臣民のうちユダヤ人だけだ。それどころか、イェルサレムに入城するときには、軍は帝国のしるしのついた紋章をすべて隠したり、気をつかって夜に入城したりしなければならないほどだった。

　しかしローマ人の忍耐にも限度がある。ローマの補給段列に対して暴力行為がおこなわれると、現場近くの村や町の住民は全員立ち退かされ、場合によっては奴隷に売られたり、住居を破壊されたりすることになる。ユダヤ人女性が盗賊団／テロリスト／宗教的ゲリラに誘拐された場合、その夫はユダヤの律法によって身代金を払う義務を負う。その

同じ女性が不運にもローマ当局の手に落ちた場合、夫は身代金を払う必要はない。盗賊団は女性の貞操を尊重するが、ローマ人はたぶんそんなことはしないからというわけだ。

まとめ

　独自の長い歴史と伝統があるためか、ユダヤ人は征服者のもたらす恩恵を正当に評価することができないようだ。宗教的教義に触発されたかれらの抵抗運動はテロリズムすれすれか、ときにはその域に踏み込んでしまう。その手あたりしだいの狂信的な反抗癖のせいで、この恩知らずな民族にローマ文明の恩恵をほどこすかいがあるのかと疑うローマ人は少なくない。ユダヤ人のほうでも、わざわざそんなことをしてもらいたくないと心底思っているのも困ったことである。

✛✛✛

　あなたが見た水、あの淫婦が座っている所は、さまざまの民族、群衆、国民、言葉のちがう民である。また、あなたが見た十本の角とあの獣は、この淫婦を憎み、身に着けたものをはぎ取って裸にし、その肉を食い、火で焼き尽くすであろう。……あなたが見た女とは、地上の王たちを支配しているあの大きな都のことである。——ローマ人に対するユダヤ人の悪口雑言、『ヨハネの黙示録』17・15〜

✛✛✛

備考

1　ある町が昨日安全だったからといって今日も安全と

はかぎらない。

2　どのユダヤ人が味方なのか敵なのか判断がつきにく
　　い。ただ救いは、ユダヤ人にとってもそれは同じと
　　いうことだ。

3　ユダヤ人の暴徒を殺すときは、相手の宗教感情をよ
　　く尊重すること。

4　狂信的なユダヤ教徒と戦うときは安息日を狙おう。
　　そんなときどうするのが正しいのか、ユダヤ人はま
　　だちゃんと結論を出していないからだ。

ベルベル人──発展時代のアウトサイダー

概　況

アフリカは帝国内の停滞した後進地だと思っていた
ら、肝を潰すことになるだろう。この地域はいま急
激に発展しているのだ。リメス limes（境界）のこちら側
では、なにもなかったところに新しい都市が続々と生まれ
てきている。リメスとは防衛線と行政区境を足して2で割
ったようなもので、これがローマと蛮族を分ける境界線に
なっている。このごろのアフリカの軍団では、長剣だけで
なく鑿の扱いにも慣れていなくてはならない。ヘラクレス
の柱〔ジブラルタル海峡〕からマウレタニアやヌミディア
まで、アフリカの肥沃な海岸平野じゅうに新しい道路や新
しい要塞が次々に建設されているのだ。

　多くの地元民が新しいローマのライフスタイルに適応し
ていて、ロガトゥスとかフォルトゥナトゥスといった名前

のヌミディア人もまるで珍しくない。しかし、こういう男たちの墓石を見てみれば、そこには gladio percussus a barbaris（蛮族の剣にかかった）と記されていて、ローマによる占領を黙って受け入れる現地人ばかりではないことがわかる。

✝✝✝

　マウレタニアやヌミディア、その他この地域の国々は野蛮であり、信頼に足る平和が実現することはけっしてない。
　　　　──ウァレリウス・マクシムス『著名言行録』7・2・6

✝✝✝

戦闘法

　ローマの支配に対して最後に組織的な抵抗がおこなわれたのは、タクファリナス（第11章参照）の指揮下でのことだった。これは後24年に鎮圧されたが、ベルベル人が「自由民」を名乗っているのはゆえのないことではない。リメスの向こうの部族民たちは、支配圏拡大をめざすローマにとってつねに頭の痛い問題だ。新しい勤務地にやって来た軍団兵は、まず地元の部族の性格や傾向を知らなくてはならない。つまり、ガラマンテス族やロートパゴイ族やマケス族〔いずれもローマに対抗して戦ったとされる北アフリカの部族〕やその他何十もの部族のように、ふだんは平和に馬商などしているのに、突然の部族政治的発作によって奇襲部隊に早変わりしたりしないか、ということだ。

　ベルベル人は、なによりもまずきわめて機動性の高い敵だ。かれらの乗馬技術はずば抜けている。なにしろヌミディア人たちは、鞍も手綱もなしで馬に乗り、しかもその馬

をみごとに操りつつ、両手ではべつのこと——たとえば尖ったものを敵に投げつけたり——ができるのである。ベルベル人はまた一般に遊牧民でもある。これがまたしばしば紛争の原因になる。はるか昔から定期的にキャンプしていたオアシスの岸に来てみたら、いまではそこにローマの入植地ができて賑わっていたりするからだ。当然の対応として入植者を追い出しにかかると、そこへ軍団兵がやって来るというわけである。

ベルベル人は、狙いすましたピルムの投擲で、馬の勢いが文字どおり殺されるのを学習している。それで、ピルムの最大射程のぎりぎり手前でとどまって、そこから軍団の戦列にもっと軽い武器を投げ込むという巧妙な戦術を発達させてきた。アフリカの軍団兵はそんなわけで、苦い経験を通じて投石器の達人になっている。ほかの地域では、蛮族の羊飼いの道具と見下されることが多いが、投石器は軽くて持ち運びが楽で、しかも足もとを見れば弾薬はいくらでも落ちている。密集陣形では使いにくいものの、ばらばらに走ってくる軽装騎兵部隊から投槍の雨を降らされているときには、いずれにしても散開陣形をとるほうが賢明というものだ。

ベルベル人の騎兵はとにかく機敏だから、軍団でも補助軍でも騎兵隊はことのほか重要になるし、全部隊がすばやく協調して対応しなくてはならない。実際、そのすばやさは帝国随一である。ベルベル人は要塞の壁を登る装備を持たないため、多くの入植地では独自にミニ要塞を作っているから、屋内が好きならそこで砲の保守や使用の専門家に

なってもよいだろう。ここで言う砲とはふつう弩砲(カタパルト)のことで、撃ち出すのはオレンジ大の小さな丸石である。その射程距離は、ベルベル人の最高の遠距離武器すら軽々と超えるし、密集した襲撃団に撃ち込めばかなりの恐慌を引き起こすことができる。

✢✢✢

　[ローマの将軍]クリオは、敵のあとを追って……開けた平原に出ていった。そこでヌミディアの騎兵隊に包囲され、麾下の軍も自分の生命も失った。

—— フロンティヌス『統帥術』2・40

✢✢✢

まとめ

　中東から北アフリカにラクダが導入されたことで、砂漠戦に新たな次元が開けるかもしれない。ドロメダリイ dromedarii すなわちラクダ隊は、ベルベル人の騎兵隊に対してなかなかの戦績をあげてきているが、ベルベル人のほうもラクダを使いだすのはたんに時間の問題だ。この新たな輸送法——これで、ベルベル人はさらに砂漠の奥深くへ移動できるようになるだろう——がこの地域の戦闘にどんな影響を及ぼすかはまだ未知数だ。確実に言えるのは、北アフリカの現地人たちはとうぶん、ローマ人訪問者に対して2つの顔を見せつづけるだろうということだ。ひとつは、多かれ少なかれローマ化された平和的な現地の文化という顔。そしてもうひとつは、拡大を続けるローマの影響を切り裂いて吹き荒れる、砂漠の熱風のような荒々しい襲撃隊という顔である。

1 ベルベル人の襲撃隊は、見かけで判断するよりずっと近くに来ている。

2 ベルベル人は、ローマ人に馬を売ることを経済戦争の一種と考えている。

3 長い退屈の時期がだらだらと続く——ただときおり、短い突然死の時期がそこに句読点のようにはさまる、それが砂漠の前哨地の日々である。

4 日除け帽と投石器を持たずに、そのへんをほっつき歩いたりしないこと。

ダキア人——カルパティア山脈を見て死ね

ダキア人は昔からいた——前500年のギリシア人にはゲタイと呼ばれていて、早くも前2世紀にはローマの軍団に挑戦し（そして負け）ている。しかし、この20年ほどはダキア人のほうが押してきている。パンノニアの農地への襲撃は小規模な侵略に発展し、いまではそれを食い止めるためにダヌビウス（ドナウ）川沿いに軍団が駐屯する事態だ。第Ⅶクラウディア、第Ⅴマケドニカ、第Ⅰイタリカの3軍団はかれらの襲撃にほとほと手を焼いているし、第ⅩⅩⅠラパクス軍団は手を焼くどころか、後92年にはサルマティア人の騎兵の大群によって危うく崩壊しかけている。なお、サルマティア人はダキアの東の戦士部族だが、いまでは隣国ダキアと完全に手を組んでいるのだ。

概　況

　歴代の皇帝のうち、時間と資源を費やしてダキア人に対処しようとしたのは、後80年代後半のドミティアヌス帝が最後だった。ダキア人の襲撃によって属州総督が殺され、広大な農地が荒らされたため、手を打たざるをえなかったのだ。２個軍団が送り込まれたが、その結果はまちまちだ

サルマティアの槍騎兵。小ざね鎧（ロリカ・スクァマタ）で腕も足も胴体も、さらに馬まで覆っている。おかげで飛び道具がほとんど通用しないが、だからと言ってサルマティアの騎兵の動きが遅いとか不器用ということはない。また飛距離の長い独自の弓も持っており、遠くから攻撃することもできる。

った。第Ⅴアラウダエ（ヒバリの意）軍団はもう存在しない。報復のためダキア国内へ襲撃に向かい、それきり将軍も軍団兵のほとんども戻ってこなかったのだ。第Ⅳフラウィア・フェリクス軍団はそのあとを追って進撃し、苦しい戦いながら大勝を収めて、1勝1敗に持ち込んだ。にもかかわらず、ダキア人の脅威は消滅する気配もない。

✦✦✦

　ダキア人とゲルマン人が両側からイタリアに侵入してくる危険はつねにあった。　　――タキトゥス『同時代史』3・46

✦✦✦

　ダキア人は近年までさほどの脅威ではなかった。内戦はかれらの国民的スポーツで、そういう内部抗争のおかげでカルパティア山脈中の王国から出てこなかったからだ。それが残念なことに、デケバルスという精力的で好戦的な指導者のもとで国民が結束してしまった。このデケバルスは先見の明があって、サルマティアなど周辺の国々と同盟を結び、主たる戦闘目標としてローマを選んだのである。おかげで事態はとうてい放っておけないところまで来ており、トラヤヌス帝じきじきの指揮のもと、軍団がいま集められているところだ。

戦闘法

　ダキアと同盟を組んでいるサルマティア人は騎兵であり、騎兵自身のみならずその乗馬まで、ほぼ全身をぴったりした鎧で覆っている。接近戦には長い騎槍を好んで用いるが、小競り合いには弓矢と軽装騎兵も用いる。重装騎兵

隊が最も有効なのは、やや混乱気味の歩兵隊に突撃をかけたときで、これはダキアの歩兵隊——混乱を引き起こすのにはきわめて有能だ——と協調しておこなわれることも多い。帝国の他地域出身の軍団兵なら、ダキア兵士の一部が追加の防具として着けている腕鎧を見たことがあるかもしれない。これはおそらくパンノニアで発達してきたもので、ダキア兵士が両手でふるう強力な鉈鎌の一種、ファルクスに対する防具として人気が高い。

このファルクスを用いる敵と戦うには少しよけいに練習が必要だし、ダキア軍の戦列にはもっとふつうの剣や槍も相当数まざっているので、そういう武器で殺される心配もしなくてはならない。あとは重い棍棒や戦斧を好む少数派もいるから、それも多少気にしておかなくてはならないが、まあそれぐらいだ（ただし、予備の武器として弓矢まで持っているやつも多いので注意）。防御について言うと、ダキア人は平らで色鮮やかな楕円形の盾を好む。身体用の防具としては、小ざね鎧のほかに鎖帷子も人気がある。ローマの補助軍兵士の死体から、持主にはもう用なしだからとはぎ取って着ている者もいる。

まとめ

トラヤヌス帝は、ダキアを討伐するために10個軍団を集めている。このことからもわかるように、北東部の属州にとってこの民族はたいへんな脅威だ。モエシアやパンノニアの守備隊では、兵士たちが土壇場まで追いつめられているのである。この遠征に参加する兵士は、激しい戦いに直

面して死か栄光か（おそらくは両方）を手にすることになるだろう。ドナウ川の向こう側でも、特徴的なダキアのドラゴンの旗印のもと、何万という戦士たちがいま同じ覚悟を胸に集結しつつある。そのことを肝に銘じよう。

備考

1 ダキア人は恐ろしく数が多い。

2 その戦いぶりは強暴で、1個軍団を壊滅させる力がある。

3 すぐれた指揮官をいただき、武装も補給も充実しており、士気もきわめて高い。

4 高度な鎧と要塞を持ち、カルパティア山脈（かれらはこの土地を熟知している）は防衛に有利な土地である。

5 とにかくものすごく数が多い。

きちんと読めば、最初と最後の項目は同じことを言っていると気づくだろうが、（1）はダキア人の数のことであり、（5）はサルマティアの同盟軍も含めての話である。

パルティア人——馬上の戦士

+++

敵が甲冑の覆いを取りのけると、その姿は兜と胸当てに包まれて燃えあがるようだった……鋼がまばゆく光り輝き、馬は青銅と鋼の板を被ていた。

——プルタルコス『クラッスス伝』24

✝✝✝

概　況

　ローマの軍団が東に向かうときには、つねに2万の軍団兵の亡霊がともに行軍している。前53年のカッラエの戦いでパルティア軍に虐殺された兵士たちである。この戦いでは何万もの兵が失われただけでなく、将軍すなわち執政官<ruby>コンスル</ruby>マルクス・リキニウス・クラッスス（とその息子）と鷲旗も失われ、捕虜となったおよそ5000の兵士もほとんどが2度と戻ってこなかった。この戦い以来、パルティア軍を軽んじる者はいなくなった。その勇猛ぶりをべつとしても、かれらは敵に不吉な呪いをかける力をもつかのようだ。ユリウス・カエサルは、パルティアへの遠征に乗り出す直前に暗殺された。マルクス・アントニウスはパルティアを攻めたが、尻尾をまいて逃げ帰り、率いた軍はさんざんに打ち負かされた。そしてその後まもなく、後の皇帝アウグストゥスとなるライバルとの内戦で敗北している。

　パルティア軍は、ローマの侵攻に呼応して何度か侵攻しかえしてきた。とくにシュリアとユダエアに対する大規模な襲撃は、必死の防戦のすえにようやく追い返されたのである。この数十年間、東西の帝国の国境をなすエウプラテス川の両岸では不穏な平和が続いている。しかし、ローマのパラティヌス丘の宮廷を駆けめぐる噂によれば、ダキアがうまく片づいたら、皇帝の軍事計画表で次にあがっているのはパルティアだという。

　パルティアは広大な帝国で、古都バビロンに近いクテシポンを帝都とし、その後背地ははるかヒマラヤ山脈のふも

とにまで続いている。この多様性に富みつつも、全体的に
荒々しい国土は、それにふさわしく多様で荒々しい戦士を
生み出している。この地域に来たばかりの兵士は、かなら
ずこのことに驚く。「東方の頽廃」という安易な神話が信
じられているせいだ。

+++

　やがて敵は仕事にかかった。軽騎兵は矢を射かけながらロ
ーマ軍の翼側を巻いて走り、いっぽう帷子に身を包んだ前列
の騎兵は長槍をふるい、ローマ軍を狭い場所に追いつめてい
った。なかには死にもの狂いで駆けだして敵を攻撃し、射殺
を免れようとした者もいたが、さんざんに深手を負ってすみ
やかな死を迎えただけで、ほとんど得るところはなかった。
パルティア兵は槍で馬をねらってくるが、その槍は鋼でずっ
しり重く、また凄まじい勢いで突いてくるので、1度に2人
の兵を刺し貫くことも珍しくなかった。

　　　　　　　　　　　——プルタルコス『クラッスス伝』27

+++

戦闘法

　一般的に言って、パルティア軍の騎兵隊突撃を1度でも
経験すれば、そんな神話など消し飛んでしまう。パルティ
ア軍は領主ごとに編制されており、貴族が先頭に立って兵
士を率いる。人生のかなりの時間を鞍の上で過ごしている
だけに、こういう貴族戦士はずばぬけた乗馬技術を持って
いる。しかもその馬が多くはトルクメン馬——巨体とスタ
ミナで名高い——と来ているのだ。

カタフラクト——超重装騎兵

　ローマの敵のうち、パルティアほど多種多様な騎兵隊を持っている国はほかにない。そのひとつがカタフラクト——超重装備の騎兵で、騎手は頭から足先まで甲冑で覆われ、馬も同様に鎖帷子の毛布で守られている。武器はコントス kontos と呼ばれるが、これは基本的に10フィートの竿の先に剣をつけたものである。かれらはこれで敵をあ

パルティアの弓騎兵。名高い「パルティア式射法」では、全力で逃げながら敵に向かって矢を射かけることができるので、パルティア軍は文字どおり行きにも帰りにも敵を倒せるわけである。

っさり串刺しにしてしまい、不運な相手にはこの完全防備
の敵に傷をつける方法を思いつくひまもない。カタフラク
トに突き倒されたら（なにしろかなりのストッピングパワー
だから）、コントスの石突きから目を離してはいけない。
石突きの末端も尖っていて、これをまっすぐ突きおろすこ
とで、地面に倒れた敵にとどめを刺すことができるのだ。
ありがたいことに、指揮官が有能であれば、カタフラクト

ローマ軍豆知識

ゲルマン人の軍神ティウは（ティウの日に）犠牲を求め
る。これは主神ウォドンや豊饒の女神フレイも同じ。

✝

冷たい風を防ぐため、北方で戦う兵士たちのなかにはチュ
ニックの下にズボンをはく者もいるという噂である。

✝

ローマ人は、ブリタンニア北部に住む者ならだれでも、と
くに区別せずに「ピクト人」と呼んでいる。

✝

ブリタンニアにみずから足を踏み入れた皇帝（過去・未来
ともに）には、クラウディウス帝、ウェスパシアヌス帝、
セプティミウス・セウェルス帝、コンスタンティヌス帝が
いる。

✝

後70年のキウィリスへの降伏を生き延び、その後ゲルマン
人の待ち伏せ攻撃による虐殺すら生き延びた部隊も、第Ⅴ
アラウダエ軍団がダキア人によって殲滅されたときについ

の集団突撃も食い止めることができる。前39年のタウルスの戦いのときがそうだったが、ただ残念なことにそれには11個軍団が必要だった。

このカタフラクトをべつにすると、パルティアの重装騎兵はもう少し軽い甲冑を着けており、したがってもっと機動性が高い。やはり武器としては騎槍を好むが、パルティア人はふつう馬上にあっても恐るべき剣の使い手である。

に息の根を止められた。

✝

のちにダキアはルーマニアとなるが、その言語はラテン語にひじょうに近いままである。

✝

「ファルクス」はもともとたんに「鎌」を意味していた。ダキアには、片手でも両手でも使える種類の鎌があるのだろう。

✝

トラヤヌス帝はダキア遠征について本を書くが、これは後世には残らなかった。

✝

ローマ軍はのちにカタフラクトを採用するが、その全身をすっぽり包む鎧のことを、兵士たちはクリバナリウス clibanarius（clibanus（かまど）から）と呼ぶことになる。

✝

パルティアの弓はローマの弓よりすぐれているので、ローマの補助軍はいまではたいていパルティアの弓を使っている。

弓騎兵

　カタフラクトや重装騎兵がひとことで言って恐ろしいとすれば、弓騎兵は厄介かつ危険だ。パルティア人は反り返った複合弓を使う。つまり、弓弦を絞っていないときは、弓の両端が反対側に曲がっているということだ。複合弓と呼ぶのは、角と繊維をにかわで接着して作られているからで、そのためたいていのローマの弓より矢が遠くまで飛ぶ。たとえローマの弓兵が地面に立っていてもである。弓兵の鞍には大きな矢筒が下がっていて、大量の矢とたいていは予備の弓も入っている。

　弓騎兵の戦法に伝説的な「パルティア式射法」がある。これは逃げているときでも、馬の尻ごしに矢を射ることができるという意味だ。一般的なパルティアの戦術は、前進してくる敵に対して弓騎兵の大群が矢の雨を降らせ、徐々に消耗させて抵抗できなくなってきたところへ騎兵突撃をぶちかますというものだ（この最終目的のためだけに、弓騎兵は矢筒のなかに剣も入れている）。パルティア軍に直面する者は、戦列を崩して散開するか（弓騎兵の目標にはされにくくなるが、カタフラクト突撃の餌食になりやすい）、あるいは戦列を密に固めるか（カタフラクトをかわすのにはよいが、弓騎兵にやすやすと虐殺される）という理不尽な選択を迫られることになる。

✝✝✝

　女たちよ、自分自身を知ろう。自分の身体にあった体位をとろう。みんなに適した体位というものはない。……あなたもそう、あなたの腹には出産の女神ルキナがしわを残してい

168

るのだから、すばしこいパルティアの子供のように、馬乗りになったらくるりと向こうを向くがよい。

——オウィディウス『愛の技法』3・18

✛✛✛

歩 兵

最後に、パルティアの徴募歩兵について。やはり頑強な闘士ではあるが、ふところに飛び込むことができれば簡単に打ち負かせる。騎兵と同じく、ほとんどの徴募兵のおもな武器が弓だからだ。したがって軍団として攻撃をしかけるさいには、向こうの戦列に到達する前にどれぐらいの兵士が戦闘不能になるか計算し、まだ生きていてちゃんと戦える兵士が不足しないようにするのがこつである。

備考

1 パルティアの弓兵は扱いにくい。

2 弓兵と戦うほうが弓騎兵と戦うよりは好ましい。

3 弓騎兵と戦うほうがカタフラクトと戦うよりは好ましい。

4 パルティア軍の矢が切れるのを待ってもむだだ。ラクダ隊で補給の矢を運んでくるからである。

5 夏なら、できればカタフラクトを1日じゅう戦場に引き止めておこう。こちらが鎧を着ていて暑いとしたら、向こうはいまどんな気分か想像するとよい。

第7章

陣営の生活

**nulli milites ad bellum parati approbabuntur a praefecto
scrutanti sed nulli ad praefectum scrutantem parati
approbabuntur in bello**

戦闘向きの兵士は査閲に合格せず、
査閲向きの兵士は戦闘に合格しない。

ドムス・ドゥルキス・カストラ（ホーム・スイート・キャンプ）

ロ ーマの平和（パクス・ロマナ）を維持するために、軍団がつねに忙しくしている必要はない。だいたいにおいて軍団がそこにいるだけでじゅうぶんだ。つまりローマ軍は、優雅に労力を節約しつつ平和を維持できるということである。軍団は戦略的要所に置かれるから、複数の潜在的な敵ににらみを利かせるということになりやすい。したがって敵のひとつに対して実際に軍事行動を起こすと、その他の敵に抑えがきかなくなり、まことに面倒な状況が引き起こされがちだ。しかし、厄介ごとを起こした原因は跡形もなく消し去るのがローマ軍である。かつて都市のあった場所には黒焦げの割れたレンガが残るばかり、その都市のもと住民が礫（はりつけ）にされた十字架がずらりと並び、それにカラスがたか

っているばかりになるのだ。そんなわけで軍事衝突が起こることはめったにない。市民は都市で平和に暮らし、軍団は陣営で静かに過ごすというわけだ。

　軍団兵は、何年何十年とそういう陣営をわが家と呼ぶことになるわけだから、ここでその陣営について少しくわしく見ていくことにしよう。まず注意したいのは、定常的な軍団の陣営は要塞ではないということだ。構造にせよ設置場所にせよ、防衛はさほど考慮されていない。なにしろなかには軍団がいるのだ。そして後1世紀の軍団には防衛手段など必要ないのである。陣営を囲む壁の目的は、関係者以外の立ち入りを禁じること、そしてなかにいるべき軍団兵にここから出ていくなと教えることである。

　それぞれに差異はあるものの、陣営はひとつ知ればすべて知ったも同然だ。ここではごく一般的な陣営の構造を簡単に見ていくが、これはどんな軍団兵もよく知っているものである（なにしろ、敵地を行軍中には毎日建設することになるのだ）。

・面積は55エーカー（20〜25万平米）ほど。複数の軍団が入っている（まれな）陣営——レヌス（ライン）川地域のカストラ・ウェテラなど——はもっと広い。
・囲壁はずんぐりした長方形をなし、角は丸みを帯びている。
・その長方形の長辺にあたる2つの壁に、向かい合う形で門がある。
・この2つの門を結んで、1本の道——ウィア・プリン

キパリス Via Principalis（主道）——が走っている。

・陣営の中央で、このウィア・プリンキパリスとぶつかってT字路を作るのが、ローマ軍の陣営で重要なもう1本の道、ウィア・プラエトリア Via Praetoria（司令道）だ。

・プリンキピア principia すなわち軍団本部は、このT字路の突き当たりにある。

・正門は、長方形の短辺のひとつにあるポルタ・プラエトリア Porta Praetoria（司令門）である。

・司令道はこの司令門で始まり、主道とぶつかるところで終わる。

・管理区画の裏には細い道があって、反対側の裏門に通じている。

・この裏道と裏門をそれぞれウィア・デクマナ Via Decumana（第10の道）およびポルタ・デクマナ Porta Decumana（第10の門）〔ウィア・デクマナが第10コホルスと第9コホルスの間を走る道であることから〕という。

軍団本部は陣営の心臓部で、そのプリンキピアの心臓部にあるのがサケッルム sacellum（聖所）、すなわち軍団の鷲旗を収める社である。プリンキピアのその他の部分には管理事務所が置かれ、地下には一般に軍団の金庫が収められている（この世には、軍団兵の年金基金のありかとしてこれ以上に安全な場所はまずない）。軍団長はこのプリンキピアではなく、プラエトリウム praetorium に住んでいる。こ

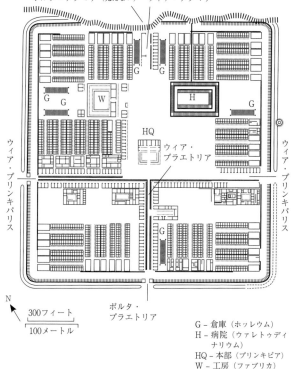

ポルタ・デクマナ（見えない）　ウィア・デクマナ

ウィア・プリンキパリス

ウィア・プリンキパリス

N

300フィート
100メートル

ポルタ・プラエトリア

G – 倉庫（ホッレウム）
H – 病院（ウァレトゥディ
　　ナリウム）
HQ – 本部（プリンキピア）
W – 工房（ファブリカ）

スコットランドのパース州インチトゥトヒルの軍団陣営、後83〜87年に建
設。あちこちに空き地が残してあるのは、厩舎や工房や医療施設を置くため
かもしれないし、閲兵場としてあけておくつもりなのかもしれない。インチ
トゥトヒルの特異な点は、地形的にポルタ・デクマナを設置しにくいという
ことだ。

兵舎。何列もぎっしり並んだ兵舎を見ると、息が詰まりそうだと思うかもしれないが、ローマの大都市の住宅密集地にくらべたら広々としているぐらいだ。奥の壁と塔の狭間つき胸壁に注意。これはきわめて先進的で珍しい構造である。

れは一般に、陣営の近くにある豪華な屋敷のことだ。兵士トリブヌスと陣営監督の住居はウィア・プリンキパリス沿いにあり、いっぽう軍団兵の兵舎は囲壁沿いに並んでいる。

　この兵舎こそ、じつは陣営の真の壁だ。というのも陣営を攻撃する場合、それ以外の建物——工房、厩舎、浴場、病院などの中心部にある設備——に到達するには、兵舎から飛び出してくる軍団兵と戦って道を切り開かざるをえないからだ。兵舎はだいたい64棟あり、それぞれに80名ほどの兵士とその上官が寝起きしている。軍団兵はそれぞれ、７人の兵と親密なつきあいをすることになる。この７人は

彼の属するコントゥベルニウム contubernium（分隊）の仲間で、戦場では同じ天幕で寝起きし（「コントゥベルニウム」はもともと「天幕仲間」の意）、陣営では兵舎内の50平方フィートほどの部屋２つを共有することになる。兵舎の１棟は、外に列柱廊のある長い建物で、側面のドアがそれぞれの部屋に通じている。ふつう小部屋の１つが寝室、もう１つが居間兼倉庫になっている。古代の居住空間としてはそう悪くない。運がよければ、ガラス張りの窓のある部屋で暮らせる可能性もある。

任　務

　100平方フィート〔約９平米〕強というのは、男８人が暮らすにはあまり広いとは思えないだろうが、幸いたいていそういうことにはならない。第１に、軍団はふつう定員割れを起こしている。そして第２に、兵士がときどき囲壁の

どんな軍でも、便所は休憩したり最新のゴシップを仕入れるのに最高の場所であり、ローマ軍も例外ではない。棒つきの海綿は、後世のトイレットペーパーと同じ役目を果たしている。使用の前後には桶の水でよく洗うこと。

外で夜を過ごしても、陣営によってはおとがめなしだから
だ。結婚は許されていないものの、近くの町の女性と長く
つきあっている兵士は少なくない。上層部が黙認している
のは、そういうつきあいから生まれた子供は父と同じく軍
団兵になる場合が多いためもある。

　また、軍団兵にかぎらずどんなローマ人にとっても、
ひとりの空間というのは異質な概念なのだ。寝るときはべ
つとして、ローマ人は自室で過ごすことはほとんどない。
食事も入浴も知人と会うのも、すべて公衆の面前でおこな
われる。トイレで用を足すのですら、友だちとしゃべった
り、昨夜の食事について文句を言ったり、その日の噂話を
仕入れたりする機会になっている。

　また兵舎内も、建てたときの想定よりずっと広々と使え
る場合もある。軍団兵の多くは兵舎にいないからだ。属州
での平和的な業務遂行にたいへん有用だというので、多く
の軍団兵が派遣任務についているのである。兵舎から一時
転属になり、ふだんとは趣向のちがう任務につけるわけだ
が、そういう任務には次のようなものがある。

・属州を視察する高官たちを護衛する
・道路の料金所や関所で警備に立つ
・上述の道路の建設や補修で鑿やツルハシをふるう
・盗賊や蛮族の襲撃から村を守る
・危険な地域を行く商人たちを護送隊とともに守る
・町で建設作業を手伝う
・別の軍団が出征するさい、派遣部隊に所属して応援に

向かう

　このように頻繁に留守にするせいで、一部の軍団兵にとって、陣営は不定期に戻ってくる足場のようなものになっている。たとえば、後80年代前半に第Ⅲキュレナイカ軍団に属していたＴ・フラウィウス・ケレルの記録を見てみよう。

　　ネアポリスの穀物倉庫に向かう（80年２月）
　　帰還
　　河川警備隊に所属して出動（81年？月）
　　帰還
　　穀物監督官の下で勤務（83年６月）
　　帰還

　軍団は、建築作業員から蹄鉄工や書記まで、訓練を積んだ人材の宝庫だから、そういう人材を求める政府の役人がとりあえず軍団に目を向けるのは珍しいことではない。軍団長自身も政治家だから、ローマの社会生活の通貨である恩の貸し借りの手段として、たいていは喜んで兵士を貸し出す。軍団兵のほうも否やはない。軍団からいっとき離れて日々の任務から逃げられれば、たいていはいい気晴らしになるからだ（ただし、いかなるときも建設作業だけは例外）。
　専門職をもつインムニスの場合、その職が医療助手であれ馬丁であれ書記であれ、軍団はふつうの職場と変わりはない。朝になれば出勤し、夜が来るまで仕事をする場なの

だ。ときおり割り込む軍隊生活は、この淡々とした日常を乱す横槍でしかない。ただ、すべてを包含する軍という上部構造——安定した職、毎日の食事、医療や年金を保障してくれる——による保護が、それを埋め合わせているというわけだ。

✝✝✝

　軍団では、書類はきわめて几帳面に作成される。その几帳面さたるや、穀物管理官や民間商人の帳簿作成にまさるとも劣らない。命令、軍務、財務の詳細が、毎日きちんと記録さ

川船に補給品を積み込む兵士たち。軍団生活にうとい人はそうと知ると驚くものだが、軍団兵は荷物運びや穴掘りのような力仕事ばかりやっていて、じつは人などめったに殺していないのだ。

れている。平時であっても、数多くの百人隊やコントゥベルニ<ruby>ケントゥリア<rt></rt></ruby>ウムの兵士たちが、歩哨、偵察、護衛の勤務をこなすのだから、一部の兵士にのみ不当に多くの任務がかたよるのを防ぐため、また逆に一部の兵士のみ任務が軽くなるのを防ぐために、各人の勤務内容が記録に残されるのだ。また、休暇を認められた時期とその期間についてもそれは同じである。
　　　　　　　　　　　　　　　——ウェゲティウス『軍事論』2・19

✝✝✝

　月に3度ほど、軍団の全員がふだんの日課を中断して、アンブラトゥラ ambulatura と呼ばれる遠出に参加する。まず、騎兵隊も含めて軍団兵全員が、戦闘装備で集合する。陣営から10マイルほど先まで移動するのだが、そのさいには通常の速度で歩かされたりその倍の速度で歩かされたりする。いっぽう騎兵隊は護衛の実習をするかたわら、小競り合いや突撃のまねごとをする。この快適な散歩が終わったら、次は見えない敵と元気よく戦闘をし、戦列を作り、突撃し（鍛錬のためふつうは上り坂で）、また集結する。方陣から縦列、くさび形へと陣形を切り換える訓練のあと、演習は終わって軍団は陣営に戻るわけだが、今度は来たときよりも速足で帰れと将校に尻を叩かれることになる。

日　課

✝起床、洗顔……そしてひげそり

　軍団の朝は早い。雄鶏が時を作るより早く、部屋を片づけて身繕いを終えなくてはならない。

† 朝　食

　1日の始まりは軽い食事（おそらく冷肉とチーズの）で、これは兵士トリブヌスの厳しい監視のもとで用意される。軍団兵に供される食物について、適切に基準を満たしているか確認するのも兵士トリブヌスの仕事なのだ（供給者から賄賂を受け取って、担当者が基準以下の糧食に目をつぶるという例もあるからである）。

† 朝　礼

　朝礼のため整列する。これは1日で最も重要な仕事の1つだ。というのは、総督や皇帝からの書状など、重要な発表がこの場で読みあげられるからである。また監督からその日の命令が出され、点呼がとられる。合い言葉が発表され、派遣任務で基地を離れる者にはその任務が伝えられる。

† 日々の任務

　全体の朝礼が終わったら、解散してそれぞれの小規模な朝礼に出席する。これは特別な集会——たとえば患者呼集〔入院以外の患者を診断のため集合させること〕とか、懲戒の聴聞会など——のこともあれば、その日の任務を知るために百人隊長の前に集まる通常の集会のこともある。

歩哨——歩哨当番の日であれば、まず百人隊長の副官の前に出頭して点検を受け、ふつうに退屈な午前中になることを覚悟する。日中の歩哨当番には2種類あるが、それがど

れぐらい面白いかそうでないかは、どこで歩哨に立つかによる。陣営の生活では、警備をして過ごす時間がかなり長い。各門で、堡塁で、倉庫で、穀物庫で、そして病室で警備に立つ。またプリンキピアの警備、そしてプラエトリウムの警備（このときはとくべつぱりっとしていなくてはいけない！）もある。もう1種類は、監督や司令官が見回りをするのに同行するという任務だ。

雑役──雑役は基本的に陣営の保守管理作業だ。清掃や倉庫の手伝いなどの軽作業もあるが、浴場のかま焚きとか、厩舎や便所の掃除といった重労働もある。どちらにどれぐらいの頻度で割り振られるかは、担当の百人隊長しだいだ。ふつう百人隊長の好意はお金を賢明に使うことで買うことができ、その見返りに軽作業を割り当ててもらえる。不公正で破廉恥なやり口だと苦々しく思う向きもあるが、百人隊長の要求がよほど極端でないかぎり、日々の安楽と多額の年金のどちらを選ぶか、兵士が自分で決めることなのだからと受け入れる者もいる。結局のところ、きつい仕事はだれかがやらねばならないわけだ。それを回避するために百人隊長に賄賂を贈るとしたら、それはまわりまわって仲間の兵士に支払っているのと同じことである。

教練と訓練──これはだれしも避けては通れない。軍団兵は自分の職業に精通することになっており、新兵として剣術や投槍の基礎をマスターしたあとも訓練は続く。朝礼のあと、百人隊長はただのひとことで部隊を訓練に送り出す

こともある。

カンプス campus——野外での１日の訓練のこと。陣形を組んでの行進や戦闘の訓練、あるいはべつの部隊との模擬戦などがおこなわれる。また、陣営から離れた場所へ部隊ごと行かされ、そこで土木作業に耐える訓練をし、さらにその訓練で築いた陣地にべつの部隊が攻めてきて、それに対して陣地を防衛するという訓練もおこなわれる。軍団兵はみな泳げることになっているので、近くの水場に定期的に飛び込まされるのは覚悟しよう。

バシリカ basilica **とルドゥス** ludus——バシリカとは教練広間で過ごす１日のこと、ルドゥスは円形劇場での１日のことを言う。陣営の設置状況によって、円形劇場か教練広間で軍団兵は鎧をつけて鍛錬をおこなう。おなじみの木柱相手に剣術の訓練をしたり、倍速で円を描いて走ったり、完全武装で溝を飛び越えたりするほか、急な警報が出たさいにチュニック姿から完全武装を整えるまでどれぐらいかかるかを見るといった、一般的な訓練もおこなわれる。

✢✢✢

　平時でも、兵士は機動演習に出かけ、架空の敵に対して要塞を築き、無意味な労働に汗をかきます。いざ必要になったとき、なにがあろうと対処できる態勢を整えておくためです。　　　　　　　　——セネカ『道徳書簡集』18・6

✢✢✢

†夕　食

　兵士のほとんどが本来の任務をこなしているいっぽう
で、夕食の準備を手伝っている兵士もいる。夕食は、軍団
兵にとって１日の主要な栄養源だ。地域によるが、１日の
雑役として人気が高く、また血沸き肉躍る任務といえば、
それは狩猟隊に割り振られて、新鮮な獣肉——鹿や
猪——を仲間の食卓にもたらすことである。

　帝国市民のうち、陣営の軍団兵は最もちゃんとした食事
をしている部類に入る。どの民族が軍団兵の大多数を占め
るかにもよるが、指揮官は兵士にワインやピリ辛の（人に
よっては腐臭がするとも言う）魚醤ガルム——イタリア人の
好物だが、長距離輸送が必要——を供給できるよう気を配
る。肉、チーズ、パン、ビールはすべて軍団の食事の定番
である。肉は豚肉が多いが、その地域でなにがとれるかに
よってもちがう。

✦✦✦

　どうか、明日どうしたらよいかご下命ください。軍旗とと
もに全員帰還すべきか、それとも半数だけ帰還すべきでしょ
うか。部下たちに飲ませるビールがありません。いくらか送
るようご命令ください。——ウィンドランダ〔ブリタンニア
　　北部の要塞〕の騎兵隊十人隊長マスクルスからの手紙

✦✦✦

†就寝まで

　夜警当番をまぬがれた者にとっては、夜はなによりもま
ず、際限のない点検にそなえて装備を整える時間だ。将校
は下位の兵士をいじめて喜ぶものであり、点検はその手段

である。食事道具などはぴかぴかにしておかなくてはならないので、「点検用」の食事道具を用意しておき、実際に食べるときはべつのを使うというのは悪くない手だ。夜はまた、故郷からの手紙や荷物に返事を書く時間にもなる。またひと風呂浴びに出かけたり、（上官から許可が出ればだが）陣営の外に遊びに行くこともできる。

✝✝✝

　サットゥアからの靴下を……足、サンダルを2足、下穿きを2枚送りました。……エルピス……テトリクスと、兵舎のみなさんによろしく。あなたたちがみんな、大きな幸運に恵まれるようお祈りしています。
　　　　　——無名兵士宛の手紙、ウィンドランダ書板Ⅱ・346

✝✝✝

余　暇

非番の軍団兵はたいてい、浴場でぶらぶらしているものだ。浴場はたんに身体を洗う場所ではなく、1日の労働で凝った身体をほぐす場であり、友だちとサイコロ遊びをしたり噂話をしたり、また酒を飲んだりする場でもある。ここでは外の居酒屋よりかなり安い値段で一杯やれるのである。

　外の居酒屋とは、近くのカナバcanaba（村）にある居酒屋のことだ。軍隊が駐屯すれば、その必要を満たすためにカナバが生まれてくるものだが、できるだけ健康に悪い場所で大事な所持金を巻き上げられたいという、兵士たち

のニーズは底なしのようである。非番の兵士のニーズと言えば、ある古代の著述家の言葉を借りるなら、風呂と酒と女である（かならずしもこの順序ではないが）。兵士はそれなりの給料をもらっているし、1日の重労働のあとでガス抜きの機会を求めているから、地元の娯楽産業ではそのストレスと財布を軽くさせようと多大な努力が注ぎ込まれている。

†††

　この贈り物は、第Ⅴマケドニカ軍団のカナバに住む退役兵とローマ市民のために……トゥッキウス・アエリアヌス……およびマルクス・ウルピウス・レオンティウスによって贈られた。――下モエシア〔いまの東ヨーロッパの地域〕の銘文、

CIL 3・6166

†††

　民間の女性たちとのロマンチックな交際には、1時間いくらの肉体的な交わりから、フォカリア focaria（愛人）、あるいは事実上の妻と呼べる女性までさまざまな種類がある。言うまでもないが、それが陣営の外にあるというだけで、村で提供される娯楽は兵士たちにとって格別に魅力的なものだ。しかし当局は、公式の娯楽という形でそれと競争しようと精いっぱい努力している。実際、帝国政府が軍を楽しませるためにどれぐらい資金や労力を使っているかを見れば、ローマの政治的風向きを占うこともできる。ただし、軍団長や属州総督が独自に娯楽を提供している場合もある。

　陣営の軍団兵が喜ぶ見世物としては、道化芝居や演劇が

ローマ軍豆知識

1個軍団で年間2000トン以上の穀物を食べ尽くすとされているので、兵士を養うのはそれだけで重要な兵站業務である。

✛

合い言葉は毎日変わる。これは安全確保のための基本的な予防措置で、火急のとき——たとえば蛮族が夜襲をかけてきたとか——にはこの1語でお互いを確認できるわけだ。

✛

退役兵は、かつての陣営の近くにとどまれるように、カナバに家を構えることが多い。

✛

ウェクシッラティオ vexillatio（分遣隊）は、軍団最高の兵士から構成されることになっている。しかし、一部の指揮官は百人隊長をしょっちゅう疑っている。ほんとうは、少なくともしばらくのあいだ厄介払いしたいと思う兵士を、残らずこっちに押しつけてきているのではないかというのだ。

✛

後9年のテウトブルギウム（トイトブルク）の森の災厄（ゲルマン人にローマの3個軍団が滅ぼされた）の理由の1つは、あまりに多くの兵士が派遣任務に出ていたことだった。そのため、弱体化した本隊と同時に、あっさり各個撃破されてしまったのだ。

ある（その大きな理由は、女優の好意はふつう無料だからである。しかし、期待に胸を膨らませる前に、その列には百人隊長たちが割り込んでくることを思い出そう）。剣闘士のショーも人気があるが、こんな目の肥えた見物人の前で演技することに、剣闘士たちはいささか気後れするのではあるまいか。またそれとはべつに、軍団は部隊間のレスリング試合や模擬戦という形で独自の娯楽を用意することもある。

　軍団兵には非番の時間がかなりある（よく知られた話だが、東方の常設陣営の軍団では、あき時間と余分な資金で兵士たちが独自に商売を始めているほどだ）とはいえ、たいていの兵士はいずれ、いっとき民間人に戻りたいと熱望するようになる。そのためには夜に数時間外出するだけでは十分でないから、年に１、２週間の休暇という餌を鼻先にぶら下げることで、陣営にいるあいだは精いっぱいがんばらせることができるわけだ。品行方正にやっていれば年に１度の休暇は兵士の権利だが、いつどこでもらえるかは上官しだいだ。全員の希望どおりに休暇を与えていたら、軍団の人手が足りなくなるかもしれないし、また一部の兵士はそれっきり戻ってこないというきわめて現実的な可能性も考えなくてはならない。

✝✝✝

　ぼくを愛しているなら、ぜひ手紙を書いてお身体の具合を教えてください。ぼくのことが心配なら、センプロニウスに亜麻布の服を持たせてよこしてください……司令官が休暇を与えてくれたらすぐに、大急ぎで帰ります。

後107年、兵士ユリウス・アポッリナリウスから父に宛
てた手紙。　　　　　　　　　——P.Mich Papyrus 466

✦✦✦

第8章

出征する

**nos contra robur exercitus Gallici pugnavimus:
mille quidem contra unum pugnavisse videbantur.
fortissimus nihilominus erat Gallus ille**

われわれはガリア軍の精鋭と戦った。一千対一でこちらに有利
だったが、ガリア人は恐ろしく手ごわかった。

準　備

ロ　ーマ軍は軽々しく戦争を始めないが、始めるときは
　　先手を打つことが多い（うっとうしいダキア軍は除
く）。だから遠征が始まるときは前もってわかっているも
のだ。

　第1に、ゆっくり時間をかけて大切な人々に手紙を書
き、恋人やお気に入りの村の娼婦に愛情をこめて別れの挨
拶をしよう。すぐに出立するわけではないが、近い将来に
はゆっくりできる時間も割ける体力も乏しくなるだろうか
ら。

　第2に、なにをおいても食べることだ。冬眠前の熊のよ
うに食いまくろう。たっぷり食べておくのはふたつの理由
で望ましい。これからは食物を消費する速度が恐ろしく高
まるというのがひとつ、そしてもうひとつは、遠征に糧食

を持っていくには、胴まわりによけいに脂肪をつけるのが最も確実な方法だということだ。信じられないかもしれないが、肥満しつつ鍛えることは可能だし、出征前の兵士はその両方を目指すべきだ。

　第3に、軍団長や将校が日課の訓練を大いに厳しくしてくるから覚悟しよう。軍団がいよいよ食いぶちを稼ぐときが来ると、陣営の外へ出されて天幕で寝起きさせられるのがふつうだ。しばらく常設の兵舎で暮らしていた軍団はとくにそうだが、本格的な行軍が始まる前に1〜2週間野外で過ごさせて、いろいろ慣らしておいたほうがよいからだ。賢明な将軍はそれをよく知っているものである。

　この準備段階が過酷すぎて、実際に遠征が始まったときはむしろほっとすることがあるほどだ。ふりかえってみれば、少なくとも紀元前3世紀後半、ローマがハンニバルと戦ったころにはすでに前例がある。

✛✛✛

　彼［スキピオ・アフリカヌス］は、軍を厳しく鍛えるまでは戦争に出ようとしなかった。近くの平野じゅうを行軍させ、新しい陣営の建設と取り壊しを毎日くりかえしやらせた。夜明けから日没まで、壕を深く掘らせてはまた埋め戻させ、高い壁を築いては崩させ、それをいちいち厳しく点検した。……兵士をいくつかの集団に分けてそれぞれに担当する仕事を決め、ある集団は壕を掘り、またある集団は堡塁を築き、いっぽうある集団は天幕を張るようにし、その仕事に割り当てられた時間と照らして仕事ぶりを評価した。

──アッピアノス『イベリカ』86

✢✢✢

　これは記憶に新しいが、後57〜58年の機動演習において、コルブロ将軍は平和ぼけしていた東方のローマ軍の尻を蹴飛ばし、心身ともに引き締まったパルティア人殺戮マシンに作り替えた。アルメニアの冬の高地で実行された演習は恐ろしく厳しく、持ち場に立ったまま凍え死んだ歩哨も出たほどだ。堡塁は凍りついた地面を掘って築かねばならず、物資集めに出たある兵士は、抱えていた薪の束が落ちたのを見ると、凍傷にかかった両手が薪とともに抜け落ちていたという。

　第4に、勝利のために穴掘りを練習する。このころには、戦闘訓練はやや珍しいイベントになっているだろう。厳しい穴掘りのあいまにはさまる、ちょっとした骨休めぐらいの感覚だ。ローマの将軍たちが固く信じているところでは、戦争に勝つ最善の道はドラブラ dolabra（軍団で用いるツルハシ）によって開かれるのだ。そんなわけで、行軍陣営の周囲に壕——深さは10フィートで頼みます、あとで百人隊長が測距棒を持ってまわってくるから——を掘っているときはべつとして、軍団兵は次のような訓練をあたふたと始めることになる。

・土を盛りあげて防御用の堡塁を築く。
・騎兵隊に翼側に回り込まれるのを防ぐために壕を掘る。
・攻城機を保護するための土盛りを築く。
・軍が行きたいところに行けるように、道路や橋の土木作業も少々手がけたりする。

（たとえば、帝国技師アポッロドロスは早くも橋——長さ半マイル以上の——の建設にとりかかっている。ドナウ川に橋をかけて軍をダキアに渡すためだ。このローマ式土木工学の成果はその後数千年も生き延び、船の運航に危険ということで、その最後の名残が爆破されたのは西暦1900年代に入ってからである）。

　最後に来るのが激励演説だ。集中的な訓練が終わって遠征本番が始まるときには、きちんとした将軍なら兵士にそれを伝えるはずである。このときは特別に全員が集合し、司令官からひとりひとり声をかけられる。将軍の演説では遠征の理由が説明され、なぜそれがローマのためになるのか、遠征の成功にいたるまでに各人にどんな褒美が待っているかが語られる。この褒美の話がとくに重要なのは、その将軍が帝国を乗っ取るために軍を率いて内戦を起こそうとしているときだ。そういう場合はとくべつ気前のよい動機づけが必要になるからである。

行　軍

遠征戦略

　ローマ軍の遠征は本質的に政治的なもので、きわめて一点集中的な戦争になる。つまり、戦争中のローマ軍は軍事的な要所を占領しようとはせず、また敵の経済的拠点を封鎖や制裁によって崩そうともしない。敵が戦っても守ろうとするもの——首都はつねに真っ先に候補にあがる——を見定め、可能なかぎり最も直線的なコースでそれに向かっ

て進軍するのだ。その途上のどこかで敵は軍を投入してきて、ローマ軍の驀進を食い止めようと最大限の努力を払うだろう。その敵軍を軍団が八つ裂きにすると、敵はやむなく降伏するか、さもなければ短期的にして最終的には血沸き肉躍る攻城戦のすえに、敵の首都が陥落することになる。ローマはこの怒濤の正面突破作戦で過去500年間勝ちつづけており、トラヤヌス帝のダキアおよびパルティア（というより、それぞれの首都であるサルミゼゲトゥッサおよびクテシポン）に対する作戦もそこに変わりはないだろう。

行軍縦隊

　軍団はいま行軍縦隊を作り（以下参照）、まさに出陣しようとしている。一般的に言って、軍団がローマ国境を越えたあとや、国境内に侵入した敵軍を迎え撃つために行軍しているときには、この行軍縦隊はかなり異なる陣形に変化するものだ。そのさいにどんな陣形が採用されるかは、どんな敵に向かって行軍しているかによって決まる。たとえば騎兵が強い敵の場合は、中空の方陣形をとるかもしれない。つまり中心部に荷物を配置し、兵士を外側に並べるわけだ。言うまでもなく、これはかなり広い場所でないととれない陣形だが、いずれにしても騎兵攻撃が最も脅威になるのは、まさにそういう開けた場所なのである。

　スピードが重要になる不斉地では、軍は複数の縦隊に分かれて、それぞれの縦隊が目標に向かって個別に進むという方法をとる場合もある。この場合、ほかの縦隊が応援に駆けつけるまで各縦隊が持ちこたえられる、つまり敵がそ

れほど強くなくて各個撃破される恐れがないことを前提にしており、この点についてはふつう兵士と将軍の意見は一致しないものである。

　それはさておき、最も一般的な行軍縦隊については、ユダヤ人将軍ヨセフスの著したユダヤ戦争に関する本にくわしく書かれている〔ユダヤ戦記3・6〕。ローマ軍が後68年にイェルサレムに進軍したとき、ヨセフスは実際にその軍と行動を共にしていたのである。なにしろ軍人だから、ちゃんと理解したうえで書いている。このときローマ軍は、敵地ではあるが比較的開けた土地を進軍していた。見晴らしはよいが、いやらしい待ち伏せ攻撃がないとはかぎらない。実際、後66年にはベスホロンで第 XII 軍団が待ち伏せにあって血祭りにあげられているのだ。

偵察隊と斥候——敵の斥候が最初に目にするローマ兵は、弓兵たちと補助軍の偵察隊だ。補助軍の仕事は、敵の待ち伏せ部隊が潜んでいそうな森林などをチェックすることで、そこでなにか見つかったとき、かれらがすばやく撤退できるように援護するのが弓兵の仕事だ。

援護部隊——前項の先発隊はそう長い距離を逃げる必要はない。すぐあとから、重武装の歩兵と騎兵からなる相当規模の援護部隊が進んできているからだ。よほど大規模であればべつだが、一般的な待ち伏せ部隊ぐらいなら、この部隊だけでじゅうぶん対応できるだけの戦力を有しているし、かりにそれが無理だとしても、この部隊が応戦してい

るあいだに軍団の本隊が到着するというわけだ。

工作兵——援護部隊のあとには、測量士と作業員からなる小部隊がやって来る。その夜に軍団が過ごす陣営をどこに設置するかを選定し、それが終わったら、次はどこに天幕を張るか、壕を掘るかという区画分けにとりかかる。

工兵と土工——次に、軍本隊より先に、疲れきった工兵の部隊がやって来る。工兵の仕事は道路の穴を塞いで通りやすくすることだ。工兵たちはたいてい仕事に追いまくられている。本隊が到着する前に作業を終えなくてはならないから、時間と競争で働いているのだ。

荷物段列および攻城機——軍のなかで最も脆弱な部分であり、また敵が最も攻撃したがる部分でもある。荷物には戦利品もあれば、ローマ軍が必要とする補給品もあるし、攻城段列を破壊すれば（そしてこの極悪非道な機械の操作法を知っている兵士を殺せば）、遠征そのものをかなり危うくすることができるからだ。

将軍——攻城段列に続いてやって来るのは、将軍とその護衛の騎兵隊および将校たちだ。したがって、道路が通れないときには、工兵たちはじかに最高司令官にそのむね説明できるわけである。将軍は縦隊の中ほどを進んでいるから、行軍中に問題が起こったり敵の動きが見られたりすれば、すぐに調べに駆けつけることができる。

軍団——軍団兵から見てありがたいのは、前方にかなりの動きがあるから、そのあとをのんびりついていけばいいということだ。というわけで、軍団と補助軍はふつう横6列を作ってぶらぶら歩いている。軍団の先頭を行くのは鷲旗とらっぱ手で、軍団のあとには兵士の荷物や天幕を運ぶラバが続く。

余剰人員——軍団のあとに続くのは、ローマ軍につき従う同盟部族や補充部隊などである。

後衛部隊——後ろから攻められることのないように、最後尾にも歩兵と騎兵からなる援護部隊が置かれて警戒している。

　起伏の多い土地で、狭い道が1本しかないような場合、ローマ軍の縦隊はかなり細長く引き延ばされることになる。極端な場合、軍の規模が大きいと先発の斥候から後衛までの距離が10マイルにも達することがある。行軍中の軍は少なくとも1日に20マイルを踏破したいと考えるので、後衛が前日の陣営を発つ前に、軍の先頭はすでにその日の陣営までの道のなかばに達しているわけだ。しかし、そういうことはめったにない。ふつうは牛車と攻城機が道路を進み、軍団兵はそのわきの野原を歩く。大変そうだと思うかもしれないが、数千頭の馬や、先を行く軍団兵たちが通ったあとだから、たいていはかなりよく踏み固められているものだ。地面が固くて乾いていれば快適な旅になるが、ぬかるんでいればまさにその正反対ということになる。

行軍陣営

　行軍陣営はひじょうになじみ深く見えるだろう。前夜の陣営とそっくり（というよりほとんど同じ）というだけでなく、軍団があとにしてきた常設の陣営ともそっくりなのである。同じくポルタ・プリンキピア porta principia（主門）があり、それが同じくプリンキピア principia（本部）とプラエトリウム praetorium（軍指揮官の幕舎）に続いていて、それを警備するのもそのなかにいるのも同じ顔ぶれだ。おおまかに言って、天幕すらかつての兵舎に対応する場所に張ってあり、また昨夜と比べれば完全に同じ配置になっているはずだ。したがって、ティトゥス・クィンクティウス百人隊のマンリウスのカリガのサイズがきみと同じで、だから一足借りに行こうと思うなら、彼の天幕がどこなのか訊いてまわる必要はない——前に３つ、横に２つ行ったところ、兵舎で足のサイズを比べたときに彼が寝起きしていた部屋と同じ場所、また昨日の行軍のあとにワインを持って訪ねていったのと同じ場所だ。

　言うまでもなく、家庭的な居心地のよさを満喫する前に、まずは陣営を建設しなくてはならない。新たな陣営の場所は、地面が平らだとか、水場が近いとか、地面が軟らかいといった理由で前もって慎重に選定されている。ただ防衛しやすい立地かどうかはさほど考慮されていない。いったん軍団兵が入ってしまえば、いずれにしても陣営はきわめて安全だからだ。実際、軍団の全員がなかにいるときに、軍団の陣営が襲撃されたという記録はほとんどない——もっとも、試みて失敗したという例にはこと欠かな

いが。

✝✝✝

　梯子が壁に立てかけられると、かれら［軍団兵］は盾でそ
れを押し返し、さらに上から投槍を浴びせかけた。堡塁に取
りついていた敵は、剣で突かれて片づけられた。
　ゲルマン人によるローマ軍陣営への夜襲について
　　　　　　　　——タキトゥス『同時代史』4・29

✝✝✝

陣営を築く場所に軍団兵が着くころには、建設作業はも
う始まっている。兵士はみな自分がなにをすればよいのか
わかっており、天幕を積んだラバを見つけるために荷を解
きだす者もいれば、自分たちが建設を担当するはずの、囲
壁や堡塁のだいたいの場所に向かう者もいる。一般に囲壁
は、芝土を掘って積み上げて作る堡塁であるが、空積みの
石壁を即席に建てることが必要な場合もある。また壕の壁
は、土がとくにもろいときは丸太で補強したりもする。陣
営の建設にはおおむね3時間ほどかかるが、個々の軍団兵
が担当の仕事を終えるのにそこまで時間がかかるわけでは
ない。

✝✝✝

　近づいてきたその勢いのまま、ゲルマン人の騎兵はデクマ
ナ門（裏門）から押し入ろうとした。そちら側では森に視界
が遮られており、陣営側が気づいたときにはすぐそばまで迫
られていた。堡塁のすぐ外で露店を広げていた従軍商人な
ど、陣営内に逃げ込む時間もないほどだった。予想外のこと
で、わが軍はこの突然の襲撃に狼狽したが、前哨任務につい

ていたコホルスが敵の最初の攻撃をからくも食い止めた。敵は囲壁の外側に広がり、入り込む隙間を探している。わが軍は門をなんとか守っていたが、門以外の場所では敵の侵入を食い止めているのは囲壁だけだった。

——カエサル『ガリア戦記』6・37

✝✝✝

　こういう陣営の建設に、多大の労力がむだに費やされていると声高に批判する者もいる。しかし一般的に言って、軍のやることにはすべてそれなりの理由がある。ときにそ

敵地で「異郷のわが家」を建設する。ロリカ・セグメンタタのありがたいところは、ひとつには軽くて柔軟なので、鎧を着けたままで陣営の建設作業ができることであり、また仕事が終わったあとには、鎧をきれいに磨くことでよけいな心配ごとを頭から追い払えることだ。ともかく公式にはそういうことになっている。

の理由がいささか理屈に合わないとか、少なくとも理解しがたいということがあるのはたしかだが、とはいえその理屈は以下のとおりである。

1　行軍縦隊の長さを考えれば、仲間が到着するのを待つあいだ、ほかにやることのない兵士がおおぜいいるわけだ。だからなにか役に立つことをさせるほうがよい。

2　軍団は敵地を週に100マイルも進軍するので、陣営建設によって敵に多大な心理的圧迫を与えることができる。ローマ軍の工兵は、陣営と陣営を結ぶ道路を整備し、まっすぐにするためにかなりの時間を費やしているが、これの影響も決して小さくない。たとえ侵入は征服でないとしてもである。「われわれはここにいる。手出しができるものならしてみろ」と陣営は語っている。それに加えて、「この土地にとどまるつもりはないが、それでもこうして手を加えていく。だから次にはもっと早く戻ってこられるのだ」と道路は語っているのである。

3　さらにまた、言うまでもなく軍団兵自身に及ぼす効果もある。陣営は「異郷のわが家」だ。外には野獣の吼える荒野が広がり、血に飢えた蛮族がうようよしているかもしれない。しかし、ウィア・デクマナのやかましい厩舎の近くに、食事仲間たちの建てた即席のタベルナ taberna（露店）はやはりそこにあるし、第 XII 塔の歩哨は、見まわりの上官がやって来れば、わざと大げさに気をつけをして鎧をがちゃがちゃ言わせ、あとの歩哨仲間たちに警告してくれる。便所はここでは屋外だが、〔↗209頁へ続く〕

上　多くの蛮族が最後に見る光景。切尖のほうから見た軍団の戦列。

下　テストゥド testudo（亀）の陣形。どこから飛び道具が飛んできてもこれなら大丈夫。都市を攻撃するときや、イェルサレムの繁華街を散歩するときに便利な陣形である。

上　移動中のローマのウェクシッラティオ　vexillatio（分遣隊）。しんがりの補助軍兵に注目。補助軍兵は地元民のことが多いため、部隊の行く先を知っているのは彼ひとりということもある。

次頁　分遣隊の旗手たち。ふんぞり返ってことさら軍人らしさを強調している。

上　グラディウス gladius（長剣）とプ
グリオ puglio（短剣）。鞘をどれぐらい
装飾するかは自分で選べるが、独自の見
事な装飾を入れていれば、多少なりとも
陣営内で一目置かれることになる。

左　ロリカ・スクァマタ lorica squa-
mata（小ざね鎧）を着けた兵士を横か
ら見たところ。斜めの帯（剣を吊るすス
トラップ）のうえからベルトを締めて、
剣が揺れるのを防いでいる。この剣はわ
ずかに長めの昔ふうの剣であるが、これ
は驚くようなことではない。兵士に支給
される装備は、兵士自身よりずっと長く
軍に所属していることも多いからだ。

上および下　ロリカ・セグメンタタ lorica segmentata の正面と背面。ロリカ・セグメンタタを着けた軍団兵がいちばん不機嫌に見えるのは、閲兵式に出られるぐらいぴかぴかにするにはいちばん手間ひまがかかるからだ。

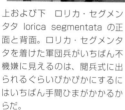

上右　ロリカ・スクァマタ lorica squamata（小ざね鎧）を着けた軍団兵

右　閲兵式用に装備を整えた軍団兵。飾り羽根とトルクに注目。

上　パトロール中のローマ軍の騎兵隊。開けた場所でダキア軍の単独の斥候兵を見とがめたところ。

下　盾はただの防御用の兵器だと思ってはいけない。この兵士はいまそれを発見したところである。

上および中ほど　砲手たちが投石機の発射準備をしている。2000年後の復元時にさまざまなロープが試されたが、撚った毛髪と牛の腱で作ったオリジナルのロープにまさるものはなかった。

左下　練習用の剣で、頭上からの突きがどうしてよくないのか実演している軍団兵。腋の下から腎臓のあたりが無防備になることに注意。

上および右 さて、今週はまたたった140マイル進むだけだ……ゆるやかな行軍隊列を作るローマ軍団兵たち。大量の装備をぶら下げてはいるが、すべてかなぐり捨てて兜をかぶれば、30秒で戦闘態勢に入れる。

隅近くのお気に入りの場所はいまもあいている。

4 堡塁と壕は敵を寄せつけないだけではなく、軍団兵が出ていくのも防いでいる。脱走は軍につきまとう問題だが、これから戦闘が始まり、長く鋭い鋼が自分の体内にもぐり込んでくると思えば、いろいろ考えるうちに漂泊の想いが湧いてきても不思議はない。

旅の宿

いまではパピリオ papilio（天幕）がわが家だが、これはたいてい油を塗った皮革（ふつうは牛皮または山羊皮が選ばれる）でできており、8人用である。8人入るとぎゅうぎゅうなので、装備はふつう外に積んで、皮の覆いをかけた盾をかぶせて急ごしらえの覆いにしている。地面がぬかるんでいるかどうかは、陣営に入ったとたんに、ひと目でわかることが多い。ぬかるんでいるほど天幕は低く、また側壁の傾斜は急になるからだ。これは側壁を内側に畳み込んで、寝るとき頭が泥につかないように「泥よけ」にするせいである。また、天幕を低くすればなかの体積が小さくなるから、冷え込む春や秋の遠征のときは8人の体温で温まりやすくもなる。暑い時期にはもちろん、涼しい風を天幕内に入れるため、正面の垂れ布を風向に合わせた角度に開いておけるようになっている。

天幕の設計で重要なのは、張り綱を天幕本体からあまり遠くまで延ばす必要がないということだ。軍団兵はみな、その長さが正確にどれぐらいかすぐに憶え、天幕の綱と綱のあいだをよけて、つまずかずに自分の天幕に戻れるよう

になるものだ。もうだれも驚かないだろうが、百人隊長の
天幕は一般軍団兵の天幕より大きく、また設備も充実して
いる。

遠征中の食事

　行軍時の陣営が常設基地と大きく違うところは、厨房設
備がないことだ。兵站問題は、軍団の侵入を食い止めよう
とする側にも等しく起こる問題である。軍団じたいは無敵
かもしれないが、その補給線は無敵ではない。そしてどん
な軍隊も、兵士が飢えていては実力をぞんぶんに発揮する
ことはできない。

✝✝✝

　彼は敵の胃袋を踏みつけにして戦った。
　　　　　　　　　──プルタルコス『ルクッルス伝』11
　ある者は……敵が恐ろしいのではなく、道が狭く森が広大
なのが不安であると言い、また補給品がじゅうぶんに届かな
いのを危惧していると言った。
　　　　　　　　　──カエサル『ガリア戦記』1・39

✝✝✝

　補給品段列が待ち伏せ攻撃を受けた場合の用心に、軍団
兵は1週間分の食糧を背負って運んでいる。またそれとは
べつに恐るべき堅パンもある。これは、どこかに食べもの
が残っていないかと長靴や盾覆いのなかまで探し、それで
も見つからないというときに、ついに観念して手を出すと
いうしろものだ。
　野外では、コントゥベルニウムは自分たちで食事を調達

しなくてはならない。その調達源は2つある。

兵站部

　出征中のローマ軍では、進軍中に食糧を確保するために多大な努力が払われている。おそらくこれは、ローマ軍の最も顕著な特徴のひとつだろう。

　1　備蓄——軍団を率いる将軍は、最初の兵が属州の国境を越えて敵地に足を踏み入れる以前から、穀物や肉を大量に備蓄するよう気を配る。目的地に着くまで、道中ずっとじゅうぶんに食糧を供給するためだ。

　2　歩く食糧——哲学的な補給係将校なら、生命の真の

敵地でみずから穀物を収穫する軍団兵たち。マケドニア戦争〔前3〜2世紀〕のさい、軍団が大量の穀物を掠奪したため、襲撃に来たマケドニアの奇襲部隊は陣営に火を放とうとした。膝まで穀物の茎や殻に埋もれているにちがいないと考えたのだ。

目的は肉を新鮮に保つことだと言うだろう。というわけ
で、家畜の群れに軍団のあとをついてこさせるようにする
かもしれない。家畜は自分で自分を輸送する糧食であり、
しかもつねに新鮮で、おまけに腱やかわの原料にもなって
便利だ。

3 携行食——軍団から支給されるのは、主として穀物
と干し肉だ。穀物は携帯挽き臼（コントゥベルニウムのラバ
に運ばせている）で挽いて粉にし、粉は焼いて粗末なパン
にしたり、濃いかゆに似た料理を作ったりする。面倒くさ
いときや、やることが山ほどあって手がまわらないとき
は、粒のまま茹でて食べることもある。

食糧徴発隊

　そんな食事にはすぐに飽きるし、毎日長時間行進や穴掘
りをしていれば確実に食欲は増進する。したがって、新鮮
な牛肉、豚肉、羊肉、あるいはたまに少量の野菜などが加
わるのは大歓迎だ。そしてこういう食材は、軍が通過する
土地の産物ということになる。

　攻城戦や会戦が始まるまでは、ふつうの軍団兵には敵の
姿を目にする機会はあまりない。敵軍とは呼べないような
小規模な敵はあっさり排除されてしまうし、行軍の道沿い
の村人たちはみな、ローマ軍が近づいてくると女子供や家
畜を連れてできるだけ遠くへ逃げてしまうからだ。

✝✝✝

　食糧の不足ほどわが軍を悩ませたものはなかった。
——タキトゥス『同時代史』4・35

✦✦✦

　そんなわけで、補助軍がその食いぶちを稼ぐのはこのときだ。かれらは食糧徴発隊に加わり、村人たちが家畜をどこに隠したかを突き止め、陣営に連れ帰って新鮮な肉を提供する。また、行軍縦隊を離れて散っていき、果樹園や農地を掠奪して、新鮮な果物や野菜を持って戻ってきたりもする。

戦利品

夏から初秋にかけてが「遠征の季節」と呼ばれるのは、ひとつにはこのためだ。この季節なら、出征中の軍隊を養うのにじゅうぶんな食糧が得られるからである。その土地を耕している人々は、やって来る冬を生き抜くために作物や家畜を必要としているわけだが、ふつうの兵士はそんなことはあまり考えないものだ。

　とはいえ、自国の田園地帯を軍隊に通られると、莫大な人的・経済的コストがかかるから、そのことじたいが強力な動機になって、近隣の国々はローマと争いたくないと思うようになる。また、自分の国にそういう被害が及ぶのを見たり、あるいは行軍中にそんな被害をみずから及ぼしたりしてきて、軍団の兵も補助軍の兵も、ダキア人やパルティア人に恨みと復讐心を抱いている。あいつらのせいで、モエシアやパンノニアやシュリアなどの属州の中心部に同じような災厄がもたらされている、というわけだ。

　遠征のこの段階では、騎兵隊（軍団のそれも補助軍のそれ

ローマ軍豆知識

行軍中の1個軍団は、1日に1万8000ポンド〔約8000キロ〕の穀物と、1万2000ガロン〔約5万5000リットル〕の水、そして馬や牛、駄獣用の飼料4万ポンド〔約1万8000キロ〕を消費する。

✛

1000ポンド〔約450キロ〕の荷を1日に20マイル運ぶためには、2組の雄牛を交代で働かせなくてはならない。

✛

百人隊1個につきコントゥベルニウム2個が見張りに立つので、できるだけ荷物を軽くしたい部隊は、天幕は10張りでなく8張り持てばよいことになる。

✛

雄牛で荷を運ぶさいの最大の問題は、雄牛は1日に6時間もえさを食べているということだ。

✛

陣営への攻撃意欲をさらにそぐために、ローマ軍は陣営の周囲に小さな穴を掘り、その底に鋭い鉄の杭(「百合」と呼ぶ)を植えてからなにかをかぶせて隠しておく。

✛

ローマ軍は、たんに見せしめのためだけに、破壊した村のあとにわざわざ行軍陣営を築くことがある。

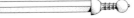

も）が食いぶちを稼ぐことになる。補給品の段列や食糧徴
発隊は、不意討ちや待ち伏せ攻撃を受けやすい。その土地
の人間は、当然のことながら自分たちの国土が荒らされる
のをよくは思わないからである（もっとも、攻撃を受ける国
の支配者が、戦争のしょっぱなに自分たちで国を荒らすという
例もある。いずれにしても荒らされるのだから、食糧をローマ
軍に与えるよりはましと考えるのだ）。

　そんなわけで騎兵隊はいつも忙しい。補給品を運ぶ荷車
を護衛したり、突然の襲撃を受けて散り散りになった食糧
徴発隊が切り殺されるのを防いだり、さまざまな偵察に送
り出されたり、後衛とか前進部隊にまわされたりする。そ
うは言っても、騎兵隊にはたいてい慰めがある――攻城戦
が始まったら騎兵の出番はほとんどなくなるから、軍団兵
が敵の石壁に頭をぶつけるのを後ろから見物していればい
いのだ。とはいうものの、それも兵員が足りているときの
話で、手が足りなくなってきたら、騎兵も馬を降りて敵の
城壁への攻撃に加わることになる。

第9章

都市を攻める

**munimentum intrantibus difficile est difficile
etiam relinquentibus**

入るのをむずかしくしすぎると、出られなくなる。

　　うこうするうちに、敵の首都か、あるいはその途上
そ　　のかなり大きな都市の城壁にたどり着くだろう。攻
城戦に関して、軍団兵は相反する感情を抱いているもの
だ。豊かな大都市を攻めれば、年金基金がすばらしく肥え
太ることになる。しかしそのいっぽう、それにまつわる危
険は大きく、年金基金は結局不要になってしまうかもしれ
ない。攻城戦のあいだは、暇でやることがないなどという
ことはまずない。溜まっている手紙に返事を書いたり、
さいころ遊びの腕を磨いたりしながら、敵が飢えるのが
早いか、こちらが赤痢のせいで攻城をあきらめる（ロー
マ軍は、たいていの軍よりこういう問題に神経を使うが、
それでも便所を水場の近くに作りすぎるという嘆かわしい慣
習がある）のが早いかを待つ、というわけにはいかない
のだ。

　たいていのローマ軍司令官は「さっさとやっつけろ」式

の考えかただから、攻城戦は危険で不愉快で運任せになりがちだと覚悟しよう（ついでに、司令官が無能だと死に直結する）。しかし、たいていはせいぜい数週間以内に終わるものだ。忘れてならないのは、アウグストゥスは攻城戦で孫を亡くし、ウェスパシアヌス帝の息子ティトゥスは、そばにいた副官を殺されているということだ。こんな高位の人物ですら危険にさらされるのだから、ふつうの軍団兵については推して知るべしだ。

+ + +

敵の将軍からローマの偉大な将軍マリウスへ——きさまがそれほどすぐれた将軍だというなら、出てきて戦ったらどうだ。
マリウスの返事——そっちこそ、それほど自信があるなら私をその気にさせてみたらどうだ。
——プルタルコス『マリウス伝』33

+ + +

都市を攻め落とすのは、蛮族の砦を落とすのとはわけがちがう。蛮族の砦は容易に近づけない難所にあるものだが、それなりの規模のローマ軍なら、さほど苦労せずに落とせるのがふつうだ。

a 砲撃によって砦柵を多少破壊する。

b 梯子をつなげる。

c 効果絶大な鬨の声をあげて突撃する。

d 迅速かつ比較的単純な作戦で戦う。

e 掃討し、掠奪する。

残念なことに、豚やアヒルが好きならべつだが、こうい
う砦には食指の動く掠奪品はほとんどない。また蛮族の女
は思わぬところに短刀を隠していて、しかもためらうこと
なくそれを使う。

　あいにく、都市を攻めるのはそう簡単ではない。ダキア
やペルシアや（とりわけ）ギリシアの都市には本格的な要
塞があるし、ユダエアの防衛軍は例外なく、他では見られ
ないほど狂信的に抵抗する。こういう民族は攻城戦につい
てよく知っているのだ。アッシリア人がフェニキア人に教
え、フェニキア人がギリシア人とユダヤ人に教え、ギリシ
ア人とユダヤ人がパルティア人（もともとけっこううまかっ
た）に教えたからである。こういう状況でなにより気が滅
入るのは、「いかなる犠牲を払っても落とさねばならな
い」と司令官が檄を飛ばしてくれることだ。その「犠牲」
を払うのがだれなのか、軍団兵はよく知っているのであ
る。

準備段階

交渉と威嚇

　将軍たちは、都市を無傷で落としたいと得手勝手なこと
を考えるものだ。無傷の都市ならすぐにローマの歳入に貢
献できて、再建する（そしてまた人を住まわせる）手間がか
からないからである。都市が支払う罰金や身代金は、その
まま司令官の懐と国庫に流れ込むから、軍団兵にはなんの
見返りもない。その都市まで行軍して健康的に運動ができ

たというだけだ。交渉が進んでいるあいだ、降伏しなければなにが待っているか、それが形をとっていくのを都市住人に見せつけるのは重要なことだ。将軍が和平を語っているかたわらで、軍団はせっせとこれ見よがしに戦争の道具を作っているのである。

建設と掘削

　攻城戦の初期段階では、軍団兵のふだんの仕事、つまり重い荷物を担いで長距離を行進するという仕事は休みになり、代わりにものすごく重い荷物を持って短い距離を移動するという仕事が始まる。攻城戦には勇気が重要だが、工兵や大工も重要だ。この段階では、ふつうの軍団兵がふるうのは剣ではなくツルハシ(ドラブラ)だし、持ち運ぶのは盾ではなく、土の入った枝編みのかごと大きな材木である。
　この材木は攻城櫓(やぐら)(これについてはあとで見る)、大型の弩砲の組み立てに用いるほか、通常の陣営を強化するためにも使うし、また都市のぐるりを囲むように複数の陣営を造り、それを壁や堡塁や壕でつなぐためにも用いる。都市に援軍が来る可能性がある場合は、外向きにも塹壕をもう1列築いて援軍の接近を妨害する。攻城用の土木作業は信じられないほどのスピードで進む。数千人の熟練の建設作業員が交代で働けば(建設作業をしない者は見張りに立つ)、長さ5マイルの壁ぐらい1週間とかからずに建ててしまえるのである。

壁と遮断壁

　敵側の司令官が優秀なら遮断壁を築くかもしれない。これは攻城側が建設している壁に対して直角に走る壁で、都市を包囲する壁の築造を妨害するために築くものだ。前49年のローマ内戦のとき、カエサルに囲い込まれそうになったポンペイユスがこれをやっている。要塞から壁をどんどん延ばしていき、それを囲い込む壁をカエサルに建設させたのだ。おかげでカエサル軍は引き延ばされて手薄になり、ポンペイユスはその包囲をあっさり突破できたというわけだ。

　長期にわたる攻城を予想している場合、司令官は都市から出ていく者がないように目を光らせる。養う口が多ければ多いほど、包囲された都市内で早く飢餓が始まるからだ。ガリアのアレシア（最近では、ガリア人もその頑丈に建造された砦もローマ側なのはありがたいことだ）では、戦える者以外は全員、防衛側の手で町から追い出された。カエサルはすでにアレシアを包囲しており、女子供や老人がその包囲網から出ていくのを許さなかった。結局この不運な人々は、にらみあう両軍のはざまで行き倒れになっている。攻城戦は悲惨な戦いなのだ。

　都市を包囲する壁は、人々が脱出するのを防ぐのに役立つだけでなく、食糧がなかに入るのを妨害するのにも役立つ。それどころか、都市を通る川がある場合は、その川筋すら変更して水の供給を断つこともある。

抵抗と降伏

　こういう攻城準備が進んでいるのを見るだけで、都市がすぐに降伏してくるのもよくあることだ。将軍によっては、包囲された都市の市民らに、降伏という選択肢をぎりぎりまで与える場合もある。つまり最初の破城槌が城壁に当たる瞬間までということだ。しかしそのあとは、死ぬまで（つまり市民たちが）戦いは終わらない。早めに降伏した者は赦されるが、長期にわたって勇敢に戦った防衛軍は、しまいには虐殺されることになりがちだ。両親や妻や

ユリウス・カエサルがアレシアに築いた攻城壁を復元したもの。アレシアは二重包囲壁の一例である。つまりひとつの壁は攻城されているガリア人を封じ込めるため、外側の壁はガリアの援軍を寄せつけないために築かれた。堡塁を守る兵士は、内と外から同時にガリア人に攻められ、ほとんど背中あわせの状態で戦ったときもあった。

子供たち、犬や鶏も容赦されない。前80年、長く激しい攻城戦のすえにスッラはアテネを落としたが、このときはおびただしい血が溝に流れ込み、それがあふれて市門から細い血の川が流れたほどだった。

ローマの傲岸不遜には心理的に計り知れない価値がある。後73年、ローマ軍はユダエアの「難攻不落」のマサダ要塞を攻めたが、このときは兵糧攻めにするほうが簡単だった。にもかかわらず攻め落とした目的はただひとつ、ローマになにができるかを世界に見せつけるためだ。ある都市の守備兵が食糧なら10年ぶんあると豪語したことがあるが、それでもその都市は降伏した。なぜなら、包囲側のローマ軍兵士が平然と、それなら11年で落とせると元老院に報告すると言い放ったからだ。

交渉には都市の守護神まで含まれたりもする。ローマの神官たちが、エウォカティオ evocatio（神々の招聘）の儀式をすると決める場合があるからだ。これは、その都市はもう先がないから、ローマに住まいを移してはどうかと神々に訴えるという儀式である。都市の守護神がみな、そういうお誘いを受けるわけではない。問題の神がすでにローマで礼拝されていれば、中立を保ってくれるだろうと考えることもあるし、その神の儀式があまりに破廉恥だとか（一部のシュリアの信仰の場合など）、あまりに残酷だとか（ゲルマンの神々など）いう場合は敬遠される。新しい神をローマに招くかどうかは高位の神官が決めることだが、神々に採用面接のようなことをして、それをおかしいと思わないのはローマ人ぐらいのものだ。

戦闘開始

砲

種類

　心理戦が失敗すると、砲の出番ということになる。軍団はすべて、攻城用投石機や弩砲《バリスタ》を何種類かそろえているものだ。なかにはスコルピオのような、基本的に弓を超強力にしただけの兵器もあるが、スモモ大からメロン大、あるいはそれ以上に大きなものまで、さまざまな大きさの石を投げられるように設計されたものもある。弩砲の原理には２種類ある。釣り合い重り式のものと、ねじり式のものだ。釣り合い重り式は、その名の示すとおり桁の一端に重りをつけて、それが地面にぶつかり、その反動で軽い端が跳ね上がって、そこにつけた弾丸を空中に投げ飛ばすものだ。ねじり式の兵器は、この世で最も弾力のある物質——すなわち動物の腱と女の髪を用いる。このふたつを撚りあわせて巨大なばねを作り、これで弓にさらなる張力を与えるわけだ。設計によって、こういう弓では矢（１本ずつまたは何十本とまとめて）または石を発射することができる。ここに到着してからずっと、砲手は矢とか丸石（慎重に大きさを選び、重さで等級分けして）など用意し、カタパルトの列のあいだに積んでいるはずである。

目的

攻城用の砲の目的は、全般的に言えば防衛側の士気をくじくことであり、具体的に言えば攻撃をしかける前に城壁から敵を追い払うことである。大型弩砲の集中射撃で狭間胸壁を粉砕すれば、敵はむき出しの壁のうえで無防備になる。軽量の弩砲は対人兵器で、初めてこれを経験したときは少なからず衝撃と恐怖に襲われるものだ（攻撃が成功したあとに起こることから推して、2度めはないのがふつうである）。ユダヤの防衛軍としてヨタパタ（ヨトファト）で戦ったヨセフスは、狙いすました石が命中して男の首が吹っ飛び、きれいに町の反対側まで飛んでいったと記録している。しまいに、ローマ軍の砲撃のすさまじさに、ヨタパタの城壁は危険すぎてとても登れなくなったという。

対抗手段——出撃

弩砲が有効であるためには、攻撃する城壁までの距離が200ヤード以内でなくてはならない。砲手が最も恐れるのは出撃だ。ある時点まで来ると、防衛側が我慢の限界に達して、門から飛び出してくることが多い。燃えるピッチを入れた壺で武装し、かれらを苦しめる敵に対する復讐心も燃やしながら、なんの前触れもなくいきなり攻撃してくる。だからほんのいっとき油断しただけで、精妙に調整された機械だったものが、とつぜんかがり火の燃料に化けてしまうことになるのだ。

対抗手段——投石器

　当然のことながら、防衛側も壁の向こうから反撃を試みる。戦場では無防備になりやすい投石手だが、その本領を発揮できるのが攻城戦だ。卵形の鉛のつぶては、鎧

標的に目を向ける投石手たち。投石手は、自分で用意したバランスがよくて殺傷力の高い石つぶてを好むが、適当な形の石ころならなんでも使うことができる。そして攻城戦のときは手近にいくらでも石ころは転がっているものだ。鉛のつぶてには、傷口から取り出したときに犠牲者をさらに落ち込ませるような短い文言が刻まれていたりする。図の右端の例は、おまえに悪いことが悪い形で起こるようにと書かれたつぶてである〔em tibe malum malo と読めるが、tibe は tibi の誤り〕。

を着た兵士相手でもかなりの損傷を与えることができ、身体のむき出しの部分に当たれば、つぶてが肉にめり込んで取り除こうとすると悲惨なことになる。投石手はそれを知っているから、かれらの投げるつぶてには、ときどき卑猥な文言が書かれていたりする。つまり、標的の肉体のどこにもぐり込ませるつもりかということが書いてあるわけだ。また、包囲された市内に裏切り者がいて、攻城中のローマ軍に情報を伝える最高の方法を思いついた。その情報を投石器で投げるつぶてに書き込み、なにも知らずに見ている市民の目の前で発射したのだ。

ダキアの町に火をかける補助軍の兵士たち。このような形で町を処分するのは、ゲリラ攻撃への報復の場合もあるが、単純に地元民を説得する手段ということもある。堅固な山頂の要塞に立てこもるのをやめ、あまり安全ではなくとももっと健康的な平地に出てくれば、パクス・ロマナによって守られるよというわけである。

まさに史上まれに見る、真の意味での「友好的な射撃〔「フレンドリー・ファイア」はふつう友軍の誤射を意味する〕」だった。

対抗手段——火

　非友好的なファイアはたいてい、まあその、火である。火矢（燃えるピッチを包んだぼろ布を、矢尻のすぐ後ろにくくりつけた矢）を城壁から射かけてきて、射程内の木造の攻城機に片端から火をつけようというのだ。機械を狙って放たれた矢でも、人間に当たればやはり被害は甚大だ。攻城軍も報復として、油をしみこませた燃えるぼろ布を壺に入

れて城壁のなかに投げ込み、町に火事を起こすのを狙ったりする。防衛側は濡らした大きな布製の帆を広げ、飛び込んでくる火球をキャッチしているし、対して攻城側も、火に弱い攻城機に濡れた牛皮をかぶせて火がつくのを防いでいる。

トンネル

目的

　いっぽう、地下ではさらにぞっとしない戦いが繰り広げられていたりする。穴掘り隊に加えられることに比べたら、攻城戦のその他の戦いかたなど愉快と思えるぐらいだ。穴掘り隊の目的は、敵の城壁の下までトンネルを掘ることである。壁の基礎を掘り崩して、代わりに材木の支柱をかませておくのだ。そしてその支柱に火をつけてから、本隊が頭上を前進しているあいだに穴掘り隊は退却する。計画どおりに行けば、防衛軍の兵士を張りつかせたまま城壁は崩れ落ち、攻撃部隊はその残骸を乗り越えて都市に突入するというわけだ。

対抗手段——対人攻撃

　トンネル作戦が失敗するのは、こちらの目論見を敵に探知されたときだ。探知の手段としては、精密に形作られた青銅の盾で、壁のすぐ内側の地面を叩いていくという方法がある。軽い金属的な音がすれば、その地下がうつろになっているというしるしなのだ。攻城側の地下の位置がだいたいわかったら、対抗手段がとられる。攻撃側の工兵は

狭くて暗いトンネルで作業をしていて、つねに落盤と窒息の危険にさらされているうえに、武装した防衛部隊と地下で出くわす恐れもある。もっとも、防衛側の備えが万全なら、自分でトンネルに入ってきたりはしない。怒り狂ったクマとか、スズメバチの巣を2つ3つ放り込んできたりするわけだ。あるいはトンネルにもうもうたる油煙を送り込んで、逃げるまもなく窒息させるという手もある。

対抗手段——三日月堡塁

　たとえ地下トンネルがうまく掘れても、敵がそれを察知して、崩れるはずだった部分のすぐ内側に新たな壁を築いていれば無意味である。そういう壁のことを三日月堡塁という。三日月のように湾曲しているから、さらに好都合だ。もともとの壁の残骸を乗り越えて侵入しようとした攻撃部隊に、正面からも側面からも投射物の雨を降らすことができる。テストゥド testudo（亀）陣形が役に立つのはこういうときだ。厳しい訓練のおかげで、軍団兵はテストゥドをぴっちり組むことができ、その「屋根」のうえを戦車が走れるほどである。かなり重いものを投げつけられても持ちこたえるが、敵が手まわしよく煮えたぎる油を用意していた場合はさすがに無理だ。

機械で城壁を攻撃する

破城槌

城壁から攻めるのと同時に、将軍は破城槌で門扉を破ろうと試みるかもしれない。破城槌は扱いづらいうえに、やたらにがっちり造られている。ひじょうに重い物体がかなりの高さから落ちるのを支えなくてはならないからだ。

対抗手段

破城槌が出てきたのに気づいた防衛軍は、狙われている門扉や壁の部分に、詰め物をした保護材をおろしてきたり、破城槌のヘッドに輪を引っかけて動きを封じようとしたりする。そういうときは、命知らずの軍団兵が防護設備の陰から飛び出して、その手の障害物を取り除くことになっている。

✢✢✢

破城槌は船の帆柱に似た巨大な丸太で、先端には牡羊の頭の形をした——そのためこの名がある——巨大な鉄の塊がついている。この丸太は中ほどに綱をまわして吊るしてあり、天秤の竿のようにそこを支点として平衡を保っている。そしてそれを挟んで両側に頑丈な柱が筋交いに立てられて、その丸太を支えているのだ。おおぜいの兵士が力を合わせてこの丸太を後ろに引っ張り、そこで手を離せば勢いよく前に飛び出す。こうして先端の鉄塊が大音響とともに壁にぶち当たり、大変な被害を与えるのである。

✝✝✝

攻城土塁

破城槌もトンネルもだめとなったら、将軍は攻城土塁を試そうとするだろう。これは基本的に、敵の城壁に接して大きな傾斜路を築くということだ(その間、城壁内からは矢や大きな石はもちろん、中庭の水盤も含めてありとあらゆるものが、不運な兵士の頭上に降ってくるわけである)。理想的な攻城土塁は、丸太を長軸側と短軸側に交互に並べて積み重ね、そのすきまに土砂を詰めたものだ。丸太が土のこぼれるのを防ぎ、土が丸太に火がつくのを防ぐのである(材木は攻城作戦には不可欠だ。ヨセフスによれば、イェルサレムの攻城戦のあと、周囲18マイルに立ち木は1本も残っていなかったという)。

対抗手段

攻城土塁を下から崩す。積みあがっていくより早く、下のほうから材料を取り除いていくわけだ。あるいは、土塁が壁に接している場合は、壁に窓をあけてそこから土や木材を抜くという手もある。また、壁を地下から掘り崩しておいて、なにも知らない将軍がカタパルトを設置したり、攻撃隊が登ってきたりするのを待つという方法もある。攻城戦の基本的なルールは、どんな汚い手段を使っても汚すぎるということはなく、またどんな汚い手段にも(しばしばそれよりもさらに汚い)対抗手段があるということだ。

しかし、都市は早くから戦争に備えて万全の対策をとっていた。その弩砲の集中攻撃に、わがほうの枝編細工の覆いはひとたまりもなかった。巨大な攻城機から、先端に鉄をかぶせた12フィート長の矢を発射してくるのだが、これは4層に重ねた枝編細工すら貫通して地面に突き刺さるほどの威力があった。しまいに太さ1フィートの丸太を束ねたもので覆うしかなくなり、この覆いの陰で壕を掘って土砂を受け渡すようになった。その作業の最前線には頑丈な小屋が設置されていたが、都市からの火や石の雨から守るために、この小屋はありとあらゆるもので覆われていた。……都市からはたびたび出撃があり、わがほうの攻城土塁や櫓に火をかけようとした。

前49年、ローマ軍がギリシアのマッサリア市を包囲したときの模様——カエサル『内乱記』2・2

軍団兵をもって城壁を攻撃する

攻撃軍の規模には関係なく、壁を乗り越える最初の兵士と、防衛側全軍とが対決するという瞬間がいずれやって来る。その兵士には自動的に勲章（コロナ・ムラリス corona muralis（壁勲章））が贈られる——が、仲間たちが即座に続いてくれないかぎり、勲章をもらうときには死んでいるものだ。壁に登る方法は一般にふたつある。

梯子

　豚もおだてりゃ木に登ると言うが、気の滅入ることに、軍団兵が壁に登るのは敵がとくべつ頑固なときか、将軍がとくべつ短気なときである。攻撃梯子を登るのがどれだけ危険なものかは、ちょっと考えればすぐにわかる。梯子のてっぺんには、殺人鬼と化した防衛側の兵士たちが手ぐすね引いて待ち構えているのだ。というわけで、たいていの軍団兵はそのことはいっさい考えないようにしている。

　敵の城壁にいっせいによじ登ろうとするとき、重要なことがふたつある。三角法の基礎と、12対10の法則だ。三角法とは、壁の高さがどれぐらいか調べる方法である（壁の影の長さをもとに計算する。ただし、均等な形の石で壁がきちんと組まれていれば、その石の数を数えるだけでもわかる）。壁の高さがわかったら、次は12対10の法則で、梯子の長さを計算する。つまり、壁の高さ10キュービットあたり梯子の長さは12キュービットとする。これは重要なことだ。目標より6フィートも足りなかったらまるで役に立たないのは明らかだが、長すぎる梯子はさらにまずい。壁のてっぺんに1フィートほど届かないぐらいが理想的だ。それより高いと、防衛側にちょっと押される（その目的で、先がふた股に分かれた棒が用意されていたりする）だけで、10人かそこらの軍団兵がすさまじい音を立てて地面に墜落することになる。

　それだけでなく、完全武装の装備の重さも考えなくてはならない。壁のてっぺんから1フィートほど下というちょ

うどいい位置に立てかけたとき、梯子が長すぎると垂直に対する傾斜角が10度以上になり、重い軍団兵が何人も取りつくと中ほどでぽっきり折れてしまうことになる。やはり地面に墜落だ。

✝✝✝

　最前列の兵士たちは自信たっぷりに梯子を登りはじめたが、じつは大きな危険が潜んでいた。防衛側の数が多いからというより、壁が高すぎたからだ。これがいかに攻撃側に困難をもたらすか明らかになると、今度は壁を守る兵士たちのほうが自信たっぷりになってきた。梯子が長すぎて、登る兵士たちの重みで折れるものが続出する。また折れないまでも、あまりの高さに登る側が不安で気もそぞろになり、おかげでさほど苦労せずに叩き落とすことができた。また防衛側は、狭間胸壁から丸太などを落とすという手段を見いだした。梯子をなぎ払うように落ちる丸太は、登ってくる兵士をきれいに叩き落としていったのである。しかしなにがあろうと、猪突猛進のローマ軍が攻撃の手をゆるめることはなかった。

　前209年、スペインのカルタゴ・ノウァの城壁を攻めるローマ軍について——ポリュビオス『歴史』10・13

✝✝✝

攻城櫓

　こういう暗い見通しを考えれば、攻撃軍がしばしば攻城櫓の助けを借りられるのは運のよいことだ。このお化け——なかには6階の高さのものもある——は装甲されたアパートメントのようなもので、車輪がついていて敵の城

サルミゼゲトゥサの壁を登る。ダキア戦争がたけなわに達し、軍団と補助軍との混成部隊が、この敵の首都の防衛を突破しようと試みる。それを許せばどうなるかわかっているから、敵はかれらをたたき落とそうと身構えている。

壁に近づけることができる。この「アパートメント」の上階を占めるのは、ぎっしり並んだ弩砲および弓兵や投石兵で、その役目は城壁上の生きた兵士をひとり残らず追い払うことだ。それがすむと、1階の軍団兵が櫓を壁際に押していき、階段を登っていくというわけだ。

攻城櫓は、燃える油を浴びせられても、火矢を射かけられても、また散発的な弩砲の攻撃を受けても耐えられなくてはならない（技術者のアポッロドロスは、酢づけにした牛の腸を、消火ホースとして櫓の内部に備えつけてはどうかと提案している）。しかしこんな用心もむだになることがある。抜け目のない都市側は、市内の水源から流れる水の流路を変えて壁の前の地面を泥沼に変えたり、あるいは自分たちで地下トンネルを掘っておいたりする。櫓が目標まであと数ヤードに近づいたときに足もとの地面が沈み込み、せっかくの櫓があわれ横転というわけだ。

こういう問題はいずれも対処可能だが、それでも単純なことを見落として失敗に終わることがある。前70年代、ポントス王ミトリダテスはキュジコスを包囲したが、ある暴風の夜に固定していなかった櫓が倒れ、それとともに彼の征服の夢も崩れ落ちたのだった。

攻城戦まとめ

1　何日も、あるいは何週間も、尖った重いものを投げつけられながら建設作業をする。

2　ときどき敵が出撃してきて、それまでに建設したものを焼いたり壊したりしようとするので、それを戦

って追い払う。

3　攻撃の合図で、矢や石の雨や煮えたぎる油のなかへ
　　突っ込んでいく。

4　梯子を登り、てっぺんで待ち受ける絶望的に血に飢
　　えた多数の殺人鬼と遭遇する。

5　そいつらと戦いながらさまざまな塔や階段を降りて
　　地面をめざす。

6　家を一軒一軒まわり、死にもの狂いの敵に対処しつ
　　つ、その家のご婦人に頭にレンガや瓦を投げつけら
　　れる（エペイロスのピュロス王は、いわゆる「ピュロス
　　の勝利〔犠牲が大きすぎて引き合わない勝利のこと〕」を
　　収める途中、そんな屋根瓦が当たって死んでいる）。

6 A　このころには、事故か故意かはともかく、市内は
　　火の海にもなっているから、焼け落ちる建物のなか、
　　すでに失うもののない相手と戦うことになるので注
　　意。

　このような状況から想像がつくように、都市をついに占
領するころには、無理もないことながら兵士はとっくに自
制心を失っている。そのため掠奪が始まると凄惨な事態に
発展しがちだが、賢明な将軍はしばらくは好きにさせてお
く。そして何時間か（ときには何日のこともある）たってか
ら頭を冷やせと命じる——が、もっと早く命令しても、だ
れも耳を貸さない可能性が高いというのも大きな理由だっ
たりする。

✝✝✝

狭い門を抜けて逃げようと、押しあいへしあいしているところを歩兵に切り捨てられた者もいれば、門を出たところで待ち構える騎兵隊に切り刻まれた者もいる。だれも掠奪にはさして興味がなかった。兵士たちはケナブム［ローマ人がここで虐殺された］のことで、また攻城戦の激しさによって興奮していたからだ。寄る年波にやつれた者も、女も子供も容赦されなかった。全人口すなわち 4 万人ほどのうち、ぶじ生き延びたのはやっと800人ほどだった。

ローマ軍豆知識

前82年、プラエネステの防衛軍の士気をそぐため、スッラは都市の周囲に柱を立て、敵将の首をそのうえにさらした。

✛

カエサル軍がポンペイユスに包囲されたときには、飢えをしのぐために草でパンを作った。

✛

前 5 世紀末、ローマ軍がファレリイを包囲したとき、裏切り者の学校教師が町の貴族の息子全員を人質としてローマ軍に差し出した。あきれたローマ軍はただちにかれらを解放し、その教師を罰するために少年たちに引き渡した。

✛

ポントス王ミトリダテスは前74年にキュジコスを包囲したが、ミトリダテスのほうが次にはローマ軍に包囲された。食糧の供給を断たれて、ポントスの兵士は人肉食に走った

前52年、ローマがアウァリクムを占領したときの話――カエサル『ガリア戦記』7・28

　　　　　　　✝✝✝

　そのあとでは、ローマ人はいつものとおり手際よく掠奪に取りかかる。襲撃後の狂乱を生き延びた者は、集められてふつうは奴隷として売られる。市の戦利品はすべてまとめられて、あとで公平に分配される。状況にもよるが、軍団兵はさらに1週間ほどかけて都市の城壁を倒し、軍の徴

と言われている。

　　　　　　　✝

攻城のさい、ローマの工兵は投射物に目立たないような色を塗り、敵によけられるのを防いでいる。

　　　　　　　✝

ギリシアの発明家アルキメデスは、シュラクサイを包囲するローマ軍を苦しめるために、さまざまな仕掛けを発明した。たとえば速射式の石弓や、船を沈めるのに用いるクレーン式の鉤爪などだ。しまいには、市の城壁のうえにロープの先が現われるだけで、軍団兵のあいだにパニックが起こるほどだった。

　　　　　　　✝

ローマの敵マケドニアのピリッポス五世は、壁を地下から掘り崩すのが得意だったので、土を掘り返して山を作り、壁はすでに崩されていると称して、都市に降伏を勧めたことがある。

発隊がまだ手をつけていなかった地域を荒らす。それから、いささか数を減らし、しかしかなり懐を暖かくして、軍は去っていく。

　　かれらは生命あるものに出会えばすべて殺し、なにものも見過ごしにしなかったが、命令されるまでは掠奪を始めなかった。ローマ軍が都市を占領したときには、人間の死体だけでなく、まっぷたつにされた犬や、ばらばらになった動物の死骸も目にするものだ。　　——ポリュビオス『歴史』10・15

第10章

会戦

tela vocari amica minime possunt, nam necesse est quidquam in te iniectum hostile esse

<ruby>友軍の誤射<rt>フレンドリー・ファイア</rt></ruby>なるものは存在しない。こちらを攻撃する者は、だれであれその定義からして敵である。

会戦4段階の手引き

現役の軍団兵にとっては、煎じ詰めればこれがその存在意義だ。何か月も何年も訓練してきて、ついに軍団が最も得意とする仕事——開けた戦場で敵と対峙し、めった斬りにすること——に着手する時が来たのである。軍団兵の生涯の決定的瞬間だ。それはただ、悪く転べばこれが生涯最後の瞬間になるから、というだけではない。大きな戦いに参加するのは、自分の孫に語って聞かせられることであり、また歴史に名を残すチャンスでもある。その戦場の名をのちにだれかが口に出したら、軍団兵は耳をそばだてて言うだろう。「ああ、その<ruby>戦<rt>いくさ</rt></ruby>なら憶えてるぞ。おれはその場にいたんだ」

第1段階——流血の序章

斥　候

　現代のローマ軍では斥候はきわめて重視されているから、まだ20マイル以上も離れているうちから将軍は敵軍の位置を把握している。さらに偵察隊が送られて、両軍のあいだの地形を調べ、敵を交戦に誘い込む適当な場所を探す。司令官もそんな斥候に同行し、その場所を自軍・敵軍両方の視点から眺めようとするものだ（実際、ローマの将軍クラウディウス・マルケッルスは、ハンニバル戦争中、そんな偵察に出た先で殺されている）。

準　備

　将軍は、わざと小競り合いを起こさせるために偵察隊を送り出すこともある。それによって敵の戦意を計ろうというわけだ。敵が交戦の決意を固めているとわかったら、伏兵のひそんでいそうな場所が検討され、またこちらから奇襲をかける可能性も協議される。司令官の天幕には、伝令や下級将校や百人隊長——きたる衝突では重要な役割を果たすのだろう——がひっきりなしに出入りする。医療班が包帯の備蓄を始め、奇妙な形の道具を研ぎはじめる。軍団兵としては、その道具の使いかたを知ることにならなければよいがと祈るばかりだ。

時を選ぶ

　ときには、両軍が互いに見える位置に陣営を張ったま

ま、この緊張状態が数日も続くことがある。いっぽうの軍が陣営から出て戦列を作っているのに、もういっぽうは陣営に引きこもったままということもある。なにをぐずぐずしているのか、すでに神経が弓弦のように張りつめている兵士たちには理解できないことも多い。生贄を捧げたときの前兆がよくなかったのか。地形がどちらかの側だけに有利すぎるのか。どちらか（わが軍であってもらいたいものだ）が援軍が現われるのを待っているのだろうか。

✝✝✝

　　毎日カエサルは軍を率いて陣営を出、ポンペイユスが戦いを挑んではこないかと、平坦な地に戦列を整えて待っていた。
　　　　　　　　　　　　　　　　——カエサル『内乱記』3・55

✝✝✝

　毎朝集まるごとに、兵士の目は将軍の天幕ことプラエトリウム praetorium に向かう。そこに赤い旗があがっていれば、その日将軍は戦を始めるつもりなのだ。そこで軍団兵は、鎧を磨き、剣を研ぎ、盾をぴかぴかにして、列をなして門を出て位置につく。敵が向こうに集まりはじめれば、深呼吸をし、朝食を戻さないように気をつける。ついに待つ日々は終わり、夕食の前には大勢の人間が生命を落とすのだ。

戦場の雄弁

　戦列を作って待っているあいだ、将軍の演説によく耳を傾けよう。なんと言っているか聞こえたらそれは凶兆だ。将軍の演説は重要な士気あげ装置だが、その声がよく聞こ

える範囲はおよそ1個軍団のみであり、会戦前に彼が最も注意を向けるのは、殺戮が始まったときに最も高い士気が必要となる軍団のはずである。

✛✛✛

このときティトゥスが考えたのは、兵士たちの戦意はなによりもまず希望と雄弁によって高まるということだった。激励と約束はたじろぐほどの危険もしばしば忘れさせるし、死をものともさせないことすらある。そこで彼は軍のなかでもとくに勇猛な兵士たちを集め、この手段で兵士たちを動かそうとした。　　　　　　　　　　　——ヨセフス『ユダヤ戦記』6・1・5

兵士らに檄を飛ばすトラヤヌス帝。身に着けているのは、会戦に臨むローマの将軍の特徴的な赤いマント。皇帝の言葉に、旗手たちは熱心に耳を傾けている。きたる激突のときには、兵士の陣形と士気を維持するうえで、かれらはとくべつ重要になるはずだ。

244

✝✝✝

　軍団兵からすれば、司令官は遠くの人影であることが望ましい。数列の兜の向こうで馬にまたがっている姿が見え、ときたま風向きしだいで演説の切れ端がかすかに聞こえるぐらいがよいのだ。とはいえ、演説が終わったら熱烈な歓声をあげるのを忘れてはいけない。意気盛んで勝利に自信満々なのを敵に見せつけてやろう。

✝✝✝

　将軍は、それぞれの軍団を鼓舞するのに最も適した言辞を用いた。第XIV軍団にはブリタンニアの征服者と呼びかけ、第VI軍団にはガルバを帝位につけるのを主導したと称えた。次に第II軍団には、与えられたばかりの新しい軍旗と鷲旗にふさわしいところを見せよと叱咤した。さらに戦列にそって馬を進め、彼は守備隊に向かって訴えた。……全軍の熱意はいっそう高まった。

　　　ペテッリウス・ケリアリス将軍、ゲルマン人との戦いに
　　　向けて軍を鼓舞する──タキトゥス『同時代史』5・16

✝✝✝

第2段階──戦端を開く

　自分の参加する戦を理解するのは軍団兵の役割ではない。しかし、味方や敵の陣形を読み解くことができれば、日没まで生きていられる可能性がどれぐらいあるかだいぶわかってくる。というわけで、多少は戦線のことも知っているほうがいいだろう。攻撃の第一波を務めるため

に補助軍の歩兵隊が整列していたら、これはじつにけっこうな徴候だ。ローマの将軍はローマ人の生命を犠牲にするのを好まないから、補助軍だけで片がつきそうだと思えば、まずはそっちから試してみようとする。補助軍の装備が貧弱というのは軍団にくらべての話で、ふつうの蛮族にくらべたらじゅうぶん充実しているし、武器の面でも訓練の面でも手ごわい敵なのである。

陣　形

　軍が何重もの列をなして防衛を固めているなら、それは激戦が待っているしるしだ。分厚い戦列を作らせるとしたら、物理的にも、また士気の面でも大きな圧力がかかることを将軍が想定しているからである。たとえば、ブリトン人に対するふたつの交戦を比べてみよう。ボウディッカ——それまでの交戦では、ことごとくローマ軍を撃退してきた——に対する決戦では、軍団は高所に分厚い戦列を作って防衛を固めていて、ブリトン人の突撃を戦列の厚みで押さえ込んでいる。いっぽうカレドニアのグラウピウス山では、軍は自信に満ちあふれており、ローマの補助軍が坂を登って突撃をかけて敵を撃破した。軍団は補助軍の手腕に喝采を送る以外にはなにもする必要がなかったのだ。

小衝突

　ローマの敵はさまざまだし、個々の指揮官や地形による差異もあるから、典型的な会戦というものは存在しない。とはいえ初手としては、軽装部隊どうしの飛び道具の投げ

あい、また両翼での騎兵隊の小競り合いから始まる、というのが一般的だ（ローマ軍の指揮官は騎兵戦に目を光らせているものだ。ローマ軍が史上最悪の敗北を喫したのは前216年のカンナエの戦いだが、このときは敵の騎兵隊がローマの騎兵隊を戦場から追い払い、その後にまわれ右して引き返してきて、ローマ軍を背後から攻撃をしたのである。完全にまわり込まれたのだ）。

矢の雨

この初期段階で空から矢の雨が降ってくれば、それはその後に激戦が待っていることを示す最初の徴候かもしれない。100から150ヤードほど向こうから弓兵が矢を射かけてくるのだが、とくにだれかを狙っているわけではないし、これで生命をとられることはまずない。盾をのどくびの高さにあげておくのを忘れなければいいのだ。しかし、むきだしの手足に不愉快な傷を負うことはある。遠くから矢を射かけられているうちは、頭を低くしておこう。そうすれば矢は兜に当たって跳ね返され、目に突き刺さる心配はない。

騎兵隊

ローマ軍との交戦経験がない場合、敵の指揮官は恐るべき騎兵突撃でコホルスを蹴散らそうとするかもしれない。数百頭の馬が大地を揺らして狂ったように突進してくるのだから、それは見るも恐ろしい光景だ。経験の浅い軍団兵なら、すべてを捨てて命からがら逃げ出そうと思うかもし

未開の部族民の集団と戦う軍団兵
の図。どのように軍団を展開する
かは敵と地形によってちがうが、
すぐれた将軍なら、密集して戦え
るという軍団兵の能力を活用しよ
うとするだろう。蛮族軍側はひと
りあたりの戦闘正面幅が広いた
め、軍団のほうが空間的に有利に
なるのだ。

蛮族は部族ごと、
氏族ごとに
まとまっている

百人隊長の率いる突撃隊

れないが、飛んで火にいる夏の虫とばかりに古参兵たちは
ほくそ笑んでいることだろう。統率のとれた歩兵が密集陣
形をとっていたら、騎兵隊にはとうてい歯が立たない。馬
には突っ込んでいくことはできないからだ。兵士が落ち着
いて戦列を保っていれば、その手前で馬の足はぴたりと止
まってしまう。そしてまさに教練指導官が言っていたとお
り、力強いピルムの一斉投擲で、騎兵隊突撃は完全に食い
止めることができるはずだ。

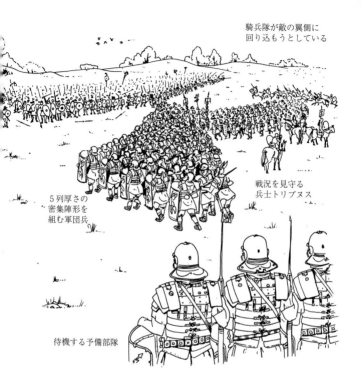

騎兵隊が敵の翼側に
回り込もうとしている

戦況を見守る
兵士トリブヌス

5列厚さの
密集陣形を
組む軍団兵

待機する予備部隊

対抗策

　敵からこのような最初の一斉攻撃を受けているあいだ、
用意周到なローマの司令官が手をこまねいているはずもな
い。ローマの弓兵が敵の弓騎兵や投石兵を追い返したり、
スコルピオというたちの悪い野戦砲を持ち出したりするだ
ろう。長くて禍々しい高速の矢（ボルト）が、敵の士気をくじいて

くれようと、とくにきらびやかな鎧を着けた者を、その背後に立つ兵士3人もまとめて串刺しにしようとする。その結果を見れば、軍団兵の胸には勇気が（ついでに吐き気も）込みあげてくることだろう。

「戦争の吹奏楽」

戦場の騒音——とくに敵の戦列から起こるそれは、着々と大きくなっていく。蛮族は角笛を好んで吹き鳴らす。ケルトの角笛の一種「カルニュクス」は、近ごろでは戦場で聞かれるとすればローマの補助軍からだが、ダキア人も似たような楽器を持っている。パルティア人は太鼓の一種を好むが、これはずきずきする歯痛のようにいつか頭痛を引き起こす。いっぽうゲルマン人はアカペラでのバリトゥスbaritus（耳障りな鬨の声）を用いる。顔の前に盾を構えて大声で叫び、それで低音を強調するという発声法だ。これに加えて、突撃のために自分を奮い立たせようと個々の戦士の発するわめき声があり、またブリトン人などのように、女たちが甲高い声援を送る部族もある。いっぽうそのあいだずっと、ローマ軍は沈黙を守っていることが多い。このほうが敵を不安にさせると信じられているのだ。ときどき百人隊長から鋭い命令の声が飛び、また同じ人物から（うれしいことに）苦痛の悲鳴があがったりもする——足指に矢が刺さったのだ（先頭に立って兵を率いるというローマ軍の伝統に従い、軍の1番前に立つ百人隊長もいるから、戦闘中の死亡率は一般軍団兵よりかなり高い）。

✝✝✝

カエサルの軍には、クラスティヌスという再役古兵がいた。前年には第Ⅹ軍団の首位百人隊長であった男で、勇猛にかけては人後に落ちなかった。［突撃の］合図が出ると、彼は言った。……「将軍、今日こそはあなたに感謝されるように戦いますよ、生きていようと死んでいようと」そう言うと、彼は右翼に突っ込んでいった。……クラスティヌスはだれよりも勇敢に戦い、口中を刺し貫かれて生命を落とした。

　　　　　　　　　　　　──カエサル『内乱記』3・91〜99

✝✝✝

第3段階──戦闘

　以上の予備段階がどれぐらい続くかはわからないが、遅かれ早かれ（たいていは最初の適当な機会が訪れたときだ）将軍が合図を出し、コホルスはゆっくりと慎重な足どりで前進する。そのあとに、敵の密集する戦列への突撃が始まるのだ。

攻撃のために前進

　突撃が始まるのは敵も突撃しようとしているから、という場合がひじょうに多い。戦う相手がしろうと同然の軍であればべつだが、ローマの将軍は攻撃されたことへの反撃として戦うのを好む。この場合の戦いかたは、最も経験の浅い軍団兵にとってすらいつものあれと思えるだろう。あらゆる動きをしょっちゅう訓練でやらされて、いまでは眠っていてもできるほどだからだ（夜間に歩哨に立ったあと、

すぐに厳しい日中の訓練が始まったりすると、実際にほとんど眠りながらやっていることもある)。ユダヤの将軍ヨセフスの言葉を借りれば、「ローマ軍の戦闘は訓練と同じである。ただ余計に血が流れるだけだ」。小走りに前進、足をゆるめ、ピルムを構えて1歩2歩、そこで思い切り投げる。とくに狙いをつける必要はない──敵が大勢いればだれかには当たるし、少なければどっちみち敵に勝ち目はない。さて次は……待つほどもなく、戦列じゅうから長く尾を引く摩擦音が響く。数百本の剣が鞘から抜かれるのだ。そしてついに、突撃ーー！

✝✝✝

　すると耳を聾する歓声があがった。騎兵隊は翼側に突っ込み、歩兵隊は敵の正面に突撃した。両翼では敵の抵抗はたちまち崩れた。正面の重い甲冑を着けた兵士にはもう少し手こずった。鉄板はピルムや剣にびくともしなかったからだ。しかしわが軍の兵士たちは……城壁を打ち破るかのように敵の肉体を甲冑ごと叩き斬っていった。

──タキトゥス『年代記』3・46

✝✝✝

突　撃

　ここに来て軍団はついに沈黙を破り、力強い雄叫びをあげつつ最後の数ヤードを全速力で走りきる。このときまで整然と前進してきているから、突撃するローマ軍は一枚の鋼鉄の壁のように敵にぶち当たる。反面、敵のほうは突撃の最初からでたらめに走っていたせいでいささかばらけている。最も足が速くて愚かな者がずっと先を走っているの

だ（そのほうがよければ、最も足が速くて勇敢な者と言っても
よい。戦場ではこのふたつに大差はない）。

　軍団の突撃はこんなふうだから、最初にぶつかる敵には
剣をふるうひますらない——軍団兵から手荒なボディチェ
ックを受けることになる。軍団兵は肩を盾の裏に当てた格
好で相手と全力で衝突する。すべてが計算どおりに行け
ば、これで英雄志願者は吹っ飛ばされる。そして戦列の前
進につれて、コホルスの第2列のだれかが無造作に剣を突
きおろし、それで始末されるというわけだ。

剣戦

　敵の陣形が分厚くなってきたら、戦闘訓練モードに切り
換えるときだ。敵の顔面に盾の突起を叩きつけ、剣の切尖
を上に向けて腹部から強く突っ込む。突きの角度のおかげ
で、この戦法は小ざね鎧に対しても有効だし、切尖を突き
刺すという観点からは、鎖帷子はたんなる穴の適当な連な
りでしかない。突き刺したあとは剣をねじって引き抜き、
鋭い刃の部分で傷口を広げよう。倒した敵の内臓に足を引
っかけないように注意して前進する。

乱戦になったら

　時間がたつうちに、どうしても戦列は崩れてくるが、訓
練を積んだ軍団兵として、自分の左右の仲間たちから目を
離してはいけない。仲間を掩護できないほど遅れてはいけ
ない——し、血気にはやって仲間の掩護が届かないほど先
に進んでもいけない。また、仲間と肩と肩が接するほど密

集して戦っている場合、剣をむやみに振りまわすのは、敵だけでなく周囲の味方にとっても危険だということを忘れないように。陣形の一員のあいだは、機械的に突く動きに徹しよう。狂戦士のように当たるを幸い斬り捨てていいのは、いつのまにか敵に囲まれていたという場合だけだ。

　なにをするにしても、剣と盾はしっかり握っていよう。どちらかを失ったら、乱戦中に致命的な恥辱につながるだけでなく、戦後に百人隊長から尋問されて気まずい思いをすることになる。戦列から脱落するために、わざと装備を落としたのではないかと疑われたい者はいない。そのため、盾や剣をなくした兵士が、仲間に応援を頼むという事例も記録されている。敵の戦列にまた突っ込んでいき、なくした装備を取り返してくるから手伝ってくれというわけだ。

✛✛✛

　剣が鞘から抜け落ちているのに気づき、その恥辱を恐れて、彼はまた敵の渦中に突っ込んでいった。いくつも傷を負ったものの、しまいに剣を取り返して仲間のもとへ戻ってきた。

　　大カトーの息子の行動。前168年のピュドナの戦いにおいて——フロンティヌス『統帥術』4・5・17

✛✛✛

圧力をはねかえす

　鋭い刃という死神が目前に迫ったとたん、がぜん全身に力がみなぎってきて、最初の数分間は剣と盾が魔法のように軽くなる。最初に剣と剣がぶつかったあとは、頭を空っ

ぽにして戦いに没頭できるようになる。そんな雰囲気のなか、あとに備えて体力を少し温存しようなどと考える者には、まずまちがいなく「あと」は来ない。しかし、厳しい戦いが長引くにつれて、なにかを考える余裕があればの話だが、重い剣で木柱を相手に何時間も訓練してきたのはむだではなかった、と思う瞬間があるだろう。あれがなければいまごろは、おそらく蛮族の刃の助けもあって、剣を持つ腕が疲れて落ちていただろうと。

休　息

　5分から10分たったあとも、まだ敵ががんばっているなら、それは前方に厄介ごとが控えているというしるしだ。一般的に言って、べつの方向に押していれば敵はいまごろは後退しているはずである。前列の兵士からすれば、そろそろほかの兵士たちに肩代わりを頼みたいところだ。負傷したり疲労困憊で力尽きかけている軍団兵には、彼と戦っている敵兵には望みようもない選択肢がある。盾を前に出し、その陰で身体の向きを変えて右へ1歩下がれば、次列の兵士が左からするりと前に出て交代してもらえるのだ。戦闘がいっとき小やみになり、両軍とも数歩後退したときには、とくにこれが頻繁におこなわれる。前列から下がった兵士はこうして、鎧や脚に飛び散った血のうちどれぐらいが自分の血か調べる時間ができるわけだ。驚くほどの重傷を負っていても、戦闘の真っ最中には気がつかないことがある。あとでそばのだれかに指摘されて、初めて気づいたりするのだ。

✛✛✛

　ある騎兵が重傷を負って戦場から運ばれてきた。治療のため医療用の天幕に担ぎ込まれたが、傷が大きすぎて手のほどこしようがないと言われる。それを聞いた彼は、傷のショックで動けなくなる前にと、急いで戦場に戻って並びなき武勲を立てたのちに絶命した。

　後105年のダキア戦争のひとこま。

　──カッシウス・ディオ『ローマ史』68・14・2

✛✛✛

そのまま前進

　こういう場合は戦列の後ろに後退して、部隊の背後で待つ衛生班を探そう。しかし、大して負傷していないとわかったら、部隊旗がどこにあるか探そう。万一見つからない場合は、最悪の事態が待っているかもしれない。しかしたいていは、ローマ軍の圧倒的な強さに運ばれて、旗手はもうずっと先まで行っているだけだ。だいたいにおいて、敵の最前列には訓練も甲冑も士気も最高の戦士がそろっている。その堅い殻を突き抜ければ、後列の兵士を切り刻むのはわりあい簡単だ。

後始末

　乱戦が終わったら、なにはさておき逃げる敵を追って斬り捨てよう。しかし、まずは周囲をよく見まわすことだ。身近では味方が勝っていても、ほかの場所でもそうとはかぎらない。崩れた陣形のなかではしゃぎまわる前に、ラッパの響きに耳をすましたほうがよいだろう。それは（たと

256

えば）敵の騎兵大隊が陣形を整えて、こちらの翼側を攻撃しようと迫っているという合図かもしれない。一般的に言って、戦列全体で敵の潰走が確実に起こっているのでないかぎり、しばらく休んで、盾に寄りかかって呼吸を整えておくとよい。たいていは、敵の戦列が突破されたあとの処理のために、後ろには予備の歩兵部隊が控えているものだ。だから、かれらが脇を走っていくのを見送って、あとの戦闘の重荷はかれらに担ってもらうことにしよう。逃げる敵を追いつめて血祭りにあげるのは、馬上の若い騎兵たちに任せればよい——かれらのほうがずっとうまくやる。肩の力を抜き、天にも昇る多幸感にひたろう。きみはまだ生きていて、周囲には味方の盾があるばかり、いまも聞こえる絶叫や悲鳴はどんどんかすかに遠くなっていく。騎兵隊が大地を揺らして走っていき、勝利のしあげにかかっているのだ。

第4段階——戦いすんで

　　ガリア人やゲルマン人の補助軍兵士たちは、腰のベルトに敵の首をぶら下げて駆け戻ってくるかもしれない。首級はひじょうに重んじられているから、とくに集めがいのある首級の場合は、それを口にくわえて戦っている兵士が見られることもある。軍団兵ですら、ひと息ついたあとではだれもがちょっとした記念品を探しだす。たとえば金銀のブローチとか、とくに上等のベルトとか、ときには金袋のひとつふたつということすらある。ただし、戦場

や敵の陣営の掠奪は軍全体でやることなのを忘れてはいけない。その日の終わりに自分の足で立っていられた者だけでなく、負傷のために動けなかった者にも、その分け前を受け取る権利があるのだ。

衛生班の天幕

　負傷者にとっては幸運なことに、ローマ軍の戦場での医療は驚くほどすぐれている。なんと言っても、700年間の経験の積み重ねがあるのだ。また、かならずしも治療の必要な者が長蛇の列をなしているわけでもない。勝ち戦では負傷者はびっくりするほど少ないものだ。兵士が負傷するのは、だいたいにおいて戦列が崩れて、逃げるところを襲われたときなのである。また逆に大敗だった場合は、負傷者はおおむね放置されて自力でなんとかするしかないし、生存者は無傷のまま安全な陣営に戻ろうとするものであ

明らかに首をとっておくつもりのローマの補助軍兵。こんな不気味な記念品は長持ちしないと思われるだろうが、たとえばガリア人などは生首の保存技術を持っている。ローマの将軍にも、頭蓋骨をガリア人の酒杯にされた者が少なくともひとりはいる。

る。負傷はふつう右側（盾で守られていない側）、それもとくに脚が多い。刀剣の傷の手当てをするのはたいてい補助軍の衛生兵、カプサリウス capsarius である。包帯や医薬品を入れた革袋をカプサ capsa と呼ぶところからこの名がある。カプサリウスは、ふつうワインや酢やオリーブ油を使って傷口を清潔にしてから、縫合して亜麻布の包帯を巻く。医療器具は定期的に消毒し、使うごとに清潔にされている。

✛✛✛

　どうしても出血が止まらない場合は、傷口の両側で血管を結紮しなくてはならない。それでもだめなら、熱した鉄で血管を焼灼する必要がある。——ケルスス『医学論』5・26〜

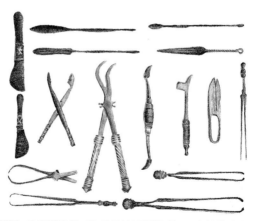

手術道具。その用途を知っている兵士は2種類いる——まずは衛生兵とその助手、そして戦闘のあと手術台に乗せられる不運な兵士だ。

戦場の救護所で負傷者の手当てをしているところ。詩的な理想は dulce et decorum est, pro patria mori（祖国のために死ぬのは美しく名誉なこと）だが、だからといって医療がおざなりだったり不十分であってよいわけはない。

✝✝✝

戦場での手術

　矢傷はメディクス medicus（医学の訓練をかなり積んでいて、階級は百人隊長と同等）にまわされる。メディクスは、とげのある矢を抜くための特殊な道具を持っており、切断された腱を筋肉から引き出してつなげることもできる。医師は鉗子や開創器やメスなどの恐るべき道具をずらりとそろえていて、「英雄的」な手術——腸や胸腔内の手術——すら実施して、しかもある程度の成功を収めてい

る。ケシ汁は麻酔剤として効果があることが知られており、ヒヨスの種も同じである（スコポラミン）。しかし、いくら麻酔剤があるといっても、このような手術（四肢切断術も含む）がおこなわれれば、どうしても医療区画から身の毛もよだつ絶叫が響いてくることになる。

病　院

　病院じたいは一般に明るく、清潔で静かな場所である。ほぼ例外なく将軍はみずからそこを訪れ、問題がないか確かめ、負傷者の勇気を称賛する。傷は定期的にチェックされ、包帯を交換され、回復を助けるために軽い運動ができるよう便宜がはかられる。要するに、負傷した英雄になるならローマ軍はそう悪い場所ではないということだ。

✛✛✛

　ハドリアヌスは、自身で軍人精神の範を示してほかの兵士を激励した……また、病気の兵士の宿舎を見舞うのがつねだった。
　　　──『ヒストリア・アウグスタ』より「ハドリアヌス伝」10

✛✛✛

評　価

　敵兵の死体を葬らずに放置し、おぞましい見せしめにすると決まった場合はべつだが、戦場の土埃が鎮まったら、捕虜になった兵士に戦場の片づけが命じられる。戦闘で倒れたローマ人の名はきちんと軍団の記録に書き込まれ、遺体は厳かな儀式によって死後の世界へ送られるのを待つ。
　戦闘が終わるとまもなく、司令官は将校たちと協議して

閲兵をおこなう。戦利品——敵の遺体や陣営から奪った——を分配するのはこのときであり、今度の戦闘でとくに手柄を立てた者に将軍が特別の表彰をおこなうのもこのときだ。

+++

　会戦のあとで……将軍は兵士を集め、とくに目立った働きをしたと思う者を前に呼ぶ。まず各人の勇敢な行動を褒め、過去の経歴に顕彰に値するものがあれば、それも称賛する。
　　　　　　　　　　　　——ポリュビオス『歴史』6・39

+++

この時点で正式な表彰もおこなわれることがある。その会戦で、今次の戦役が終わる場合はとくにそうだ（これはよくあることである。敵が大軍をもうひとつ持っていて、それも失う覚悟があればべつだが）。兵士に与えられる最高の賞は冠だが、これは（たとえば全軍を救った者に与えられるコロナ・グラミネア corona graminea［草の冠］など）はふつう上級将校にのみ与えられるものだ。だいたいにおいて、一般軍団兵がその武勇に対して与えられるのは、トルク（首飾り）、アルミッラ armilla（腕章）、パレラ phalera（軍服につける型押しのある円盤）である。これらの褒賞すら、市民権をもつ兵士のみが対象ということになっているが、生命知らずの武勇で大手柄を立てれば、補助軍の兵士にも与えられることがある。

+++

　この交戦のさいに、ルフス・ヘルウィウスという一兵卒が、市民の生命を救うという手柄を立て、アプロニウスによ

ローマ軍豆知識

ローマ軍の医療はきわめてすぐれており、ローマの医師が記述した投射物の摘出法は、1600年後にもまだ使用されているほどだ。またローマの四肢切断法は、ソンム川〔第１次・第２次世界大戦で戦場になった〕の塹壕の野戦病院でもまだ見られることになる。

✝

前86年のカイロネイアの戦いでは、スッラの１万の軍団兵は、少なくとも６万のポントスの兵士を相手に勝利を収めた。しかしスッラの主張によれば、このときのローマ人兵士の犠牲者はわずか14人だったという（しかもそのうちふたりは死んでおらず、のちに蘇生している）。

✝

前48年パルサロスの戦いで、カエサルは軍団兵200を失ったが、百人隊長は30名戦死している。

✝

トルクは首にかけるように作られているが、閲兵式用の鎧を飾る場合は、ストラップに吊るして肩から下げて着用する。

✝

ハスタ・プラ hasta pura（小さな記念の槍）はふつう百人隊長以上の階級の兵士に与えられるものだが、真に目覚ましい手柄を立てれば一兵卒でももらえることがある。

✝

パルサロスでは、ポンペイユスの未熟な軍勢は突撃しかえしてこなかったため、カエサル軍の古参兵たちは突撃の途中で立ち止まり、いったん集結して戦列を整えてからまた突撃を再開した。

って首飾りの鎖と槍を授けられた。

――タキトゥス『年代記』3・21

✛✛✛

　軍の顕彰はもらっておいて損はない。特別な行進のさい
に鎧に箔がつくというだけでなく、部隊内でも一目置かれ
るようになる。ということはつまり、便所の作業を押しつ
けられにくくなり、歩哨に立つときも墓場の見張りを割り
当てられなくなるということだ。そのいっぽう、勇猛果敢
という評判があると、とくべつ危険な任務に志願者をつの
るさいには、百人隊長から真っ先に目をつけられることに
なる。軍隊生活ではなんでもそうだが、どんな利点にもか
ならず難点がついてくるのだ。

第11章

除隊とその後

sunt milites veteres. sunt milites audaces.
non sunt milites veteres atque audaces

老いた兵士はいるし、勇敢な兵士もいる。
しかし老いた勇敢な兵士はいない。

喜び勝ち誇って

ローマへ凱旋？

　大規模な会戦のあとには、軍団兵らは敵の戦死者の数を
入念に調べる。この勝利を勝ち取った者の勲功を記念する
ため、その後に将軍が観閲式を命じることもある。また、
敵の使節が陣営を訪れて和平を乞うかどうか、兵士たちは
固唾をのんで見守っている。皇帝が陣営にいる場合、その
緊張はさらに高まる。なにしろ多くのものがかかっている
のだ。軍団兵の多くはローマを1度も見たことがない。勢
い、名高い7つの丘の都に対する憧れは熱病のように募
る。だれもがローマを見たいと思い、成り行きを手に汗握
る思いで見守り、勝利の兵士としてローマの凱旋式に加わ
りたいと熱望している。

　厳密に言えば、凱旋式の挙行が認められるためには、厳

しい基準を満たさなくてはならない。そのうち最も重要な基準は次の３つである。

1　その戦いで、敵の戦闘員を少なくとも5000人は倒していること。
2　その戦いによって遠征が終結していること。
3　その遠征によってローマ帝国の勢威が高まっていること。

　皇帝が陣営にいることも重要だ。第１に、近ごろでは凱旋式をおこなうのが許されるのは皇帝のみだ。皇帝は、配下の将軍の勝利でも凱旋式をおこなうことができるが、本人がその場にいるか、少なくともすぐ近くにいるかしなければ、凱旋式の許可を皇帝が元老院に求める公算は低くなる。第２に、なにしろ彼は皇帝なのだ。敵の死者が4999人しかいなかったとか、あるいはべつの面で凱旋式の条件を多少満たしていなかったとしても、そんなささいな問題には目をつぶるよう元老院を説得する力を持っているのだ。

いざイタリアへ！

　凱旋式をおこなうには、勝利の将軍がローマにいることが必要だが、彼とともにその軍もローマに戻っていることも必要だ。ひとりの兵士にとってなによりうれしいのはここである。モエシアの湿っぽい冬、ダキア人のゲリラを追いかけまわして過ごしていたが、いきなりそれとはべつ

の可能性が開ける。それも陽光あふれるイタリアの海岸に向かい、征服の英雄としてローマに入城するという可能性なのだ。残念ながら全員が行けるわけではない——国境にはやはり守備隊が必要であり、警備はしなくてはならないし、道路は建設しなくてはならない。

したがって、皇帝が連れて戻る兵士候補として優先順位が高いのは、兵役期間の終わりに近い——というより多くの場合は終わりを過ぎている兵士であり、また負傷によって名誉除隊の資格が与えられた兵士である。

というわけで、帰還する軍にはまもなく兵役が終わるという兵士がひじょうに多いので、ローマへの行軍中はお祭り気分が漂っている。もっとも、25年間の軍隊生活で規律を叩き込まれているから、あまり破目をはずすことはない。それでもローマが近づいてきて、巨大な水道橋がアルバヌス山地を下り、ラティウム平野を越えるのを目にすると、いよいよ興奮は募ってくる。

凱旋式の祝いかた

1　ローマの神殿は花々で飾られ、盛大な祝賀会が用意される。いっぽう皇帝は、これを最後に軍を集め、褒賞を与え、手柄を称え、遠征中に獲得した戦利品を分け与える。

2　とくに目覚ましい勝利の場合、皇帝は国家のために手に入れた戦利品や、戦役の場面を描いた絵画や彫刻を、あらかじめ送っておくことがある（これはローマ市内のあちこちに数日間展示される）。

3 　最後に、軍団はカンプス・マルティウスの
戦争の女神神殿の前で整列し、そこから凱旋門に向かって
行進する。これは凱旋行進のときだけに使われる門だ。こ
の手順はつねに変わらない。なにしろ1000年近く前、建国
の父ロムルスがエトルリア人から学んで以来の古いしきた
りなのである。

✛✛✛

　夜になると、兵士たちは全員それぞれの中隊ごとに門の外
へ出て、指揮官のもとに集合していた。……夜が明けるとす
ぐに、ウェスパシアヌスとティトゥスは、月桂樹の冠をかぶ
り、伝統の紫の衣をまとって姿を現わし……元老院議員や、
行政官の長、騎士階級の者たちが待つ［場所へ向かっ
た］。　　　　　　　　——ヨセフス『ユダヤ戦記』7・5・4

✛✛✛

4 　門の前で、元老議員たちがトリウムパトル triumpha-
tor（凱旋将軍）を出迎える。将軍は動楼に似た凱旋戦車に
乗り、かたわらを将軍の息子（もしいれば）が馬にまたが
って進む。凱旋将軍は伝統にしたがってユピテルの紫の長
衣をまとい、ユピテルの最古の像をまねて顔を赤く塗って
いる。ユピテルをまねることとユピテルであることが混同
されるのを防ぐため、月桂樹の冠を将軍の頭上に掲げる奴
隷が、低い声で「ただの人であることをお忘れなさいます
な」とささやきかける。

5 　ここで、じりじりしながら待たされることになるだ
ろう。元老院議員やらラッパ手やら敵の捕虜やら、ともか
くその他全員が先に行くまで、軍団兵は門の外で待たねば

> ## ローマの凱旋行進のルート
>
> ベッロナ神殿から凱旋門に向かい、
> 市を抜けてフラミニウス競技場〔コロッセウム〕に
> 向かい、
> そこから大競技場に向かい、
> そののちローマのフォルムを抜ける聖なる道を進み、
> 最後にカピトリヌス丘を登り、
> 至高至善のユピテル神殿でゴールとなる。
>
>

ならないからだ。それからやっと持ち場につき、最後の行進によって凱旋式はクライマックスに達するのだ。

6　兵士たちは通りを行進しながら、月桂樹で飾った槍を誇らしげに掲げ、勝利の歌を歌う。そんな歌のなかには、最高司令官を当てこする無礼な歌もあるものだが、どんなにあからさまに冷やかされても皇帝は不機嫌な顔はしない。第1に、今日は特別な日だし、第2に、いくら凱旋の日と言っても軍を本気で怒らせるわけにはいかないからだ。凱旋行進のルートはいつも同じで、途中ではローマ市内の開けた場所をいくつも通る。待ち受ける市民たちに、皇帝と軍隊をよく見せるためだ。

7　ローマ市と帝国の中心たるユピテル神殿で、神の仁慈に感謝するため犠牲が捧げられる。凱旋将軍の黄金の冠

のほか、純白の雄牛数頭が供えられるのだ。ローマには人身御供の習慣はないので、捕らえられて行進の見世物にされた敵将は、地下牢かフォルムで絞首刑にされる。しかし、それは犯罪人としてであり、凱旋式の一環というわけではない。

✝✝✝

　華麗な式典の終点はユピテル神殿だった。……そこに到着すると、ローマの古い慣習にしたがって立ち止まり、敵の将軍が死んだという報告がもたらされるのを待った。敵の将軍とはギオラスの子シモンであり、他の捕虜たちとともに連行されていたのである。首に巻かれた縄で引きずられ、虐げられながら、フォルムのしかるべき場所へ引き出された……その死が伝えられると、だれもが盛大に歓呼の声をあげた。　　　　　　　　　　——ヨセフス『ユダヤ戦記』7・5・6

✝✝✝

8　式典のあと、最後の祈りが唱えられ、軍団兵は行進してその場を離れ、平服に着替えて、少なくとも1週間は

凱旋式の直後には、だいたいにおいてコロッセウムで競技会が開かれるが、それに参加するのは凱旋の軍団兵だけではない。この遠征で捕らえられた捕虜の一部もまずまちがいなく連れてこられ、円形闘技場でのイベントに参加することになる。満員の円形闘技場が描かれているこの硬貨は、ティトゥスまたはウェスパシアヌスの1セステルティウス貨である。

続く祝賀会に参加する。祝賀会の余興に、コロッセウムで競技会がおこなわれるだろう。そして、この戦役で捕らえられた捕虜がむごたらしくも華々しく最期を迎えることになるのだ。

　どんな軍団兵も言うとおり、軍隊生活を締めくくる方法として、凱旋行進のあとの除隊にまさるものはない。

ヌンク・ディミッティス――別れのとき

　軍団兵が除隊するさいには、軍団記録簿にある以下の4つの項目のひとつに記載される。

1　傷病除隊（missio causaria）
〔ミッシオ・カウサリア〕

　負傷のため、これ以上の軍務に不適となった場合はここに記載される。重い障害を負った場合だけでなく、障害としては軽微でも、軍団兵としての任務をしかるべく遂行しがたいという場合もある。いずれにしても負傷者は徹底的に検査されたのち、不承不承の医師によって除隊を認められる。これ以上食事を与えたり訓練したりして投資しても、この兵士からはもう利益が得られないと宣言されるわけだ。ミッシオ・カウサリアは名誉除隊であり、勤務期間の長さに応じて年金の権利がついてくる。

2　不名誉除隊（missio ignominiosa）
〔ミッシオ・イグノミニオサ〕

　名誉除隊の正反対。軍隊社会にすら適合できないろくでなしであると軍に見なされたということであり、このこと

は広く世間に知られることになる。言うまでもなく、そんな男と関わりを持ちたいと思う者はいないし、ローマに住むことも帝国の公務につくことも許されない。除隊の原因となった罪がなんであれ、そのもと兵士は激しい鞭打ちを受け、さらなる恥辱のしるしとして終生消えない傷跡を負っているだろう。

3　名誉除隊 <ruby>名誉除隊<rt>ミッシオ・ホネスタ</rt></ruby>（missio honesta）

名前を記載されるなら、ほかのどれよりこの項目がよい。兵役をぶじ満了し、その働きぶりに軍も皇帝も満足しているという意味であり、年金を満額与えられるほか、カエサルのもと兵士であることにまつわる役得もすべて認められる。

4　死　亡 <ruby>死　亡<rt>モルトウウス・エスト</rt></ruby>（mortuus est）

軍隊を去るもうひとつの道である。

✝✝✝

年老いた者、なかには負傷して障害の残る者もいるが、それが30年から40年も兵役についている。……軍務が終わる時は来ないのだ。

　　　　後14年、除隊を訴えるパンノニアの兵士たちの言葉。──タキトゥス『年代記』1・17

✝✝✝

補助軍の兵士は、除隊を記録する特別な青銅板を与えられる。しかし軍団兵は市民であり、帝国政府はいずれにしても市民についてはきちんと記録されていると信じたがる

ので、それ以上の書類は必要ない。記録はいつでもチェックできる――たとえばカピトリヌス丘の巨大な記録保管所で。退役兵であると主張する場合は、要求すれば関連する役所で証明してもらえるし、その記録は青銅板より偽造するのがむずかしいのだ。それでもやはり、いっしょに除隊になった軍団兵たちは、クラブを作ってささやかな除隊の記念碑を建てたりしている。

自由人？

　記念すべき瞬間だ。四半世紀も軍隊で暮らし、毎日朝から晩まで勤務当番表とラッパで管理されてきて、もと軍団兵はついに自由になった。いつ起きるか、朝食になにを食べるか、なんでも自分で決められるのだ。最初はすばらしいと思うだろうが、やがて自由には義務がつきものだと気がつく。いつ起きるか決める前にどこで寝るか手配しなくてはならないし、朝食になにを食べるか決める前に、まずは食べ物を探さねばならない。この25年間ずっとそういうことは他人任せにしてきただけに、これからはそうは行かないと気がつくのはいささかショックな経験である。

これからどうする？

1　市民生活という道なき混沌に完全に途方に暮れてしまったら、そこから脱出する劇的な道がある。まわれ右をして兵舎に戻り、再入隊するのだ。10代でローマ軍に入隊した男なら、あと10年か20年ぐらいはじゅうぶん兵役に耐えられるだろう。

2 別種の制度に組み込まれるという道もある。つまり結婚だ。兵舎の外のウィクス vicus（村）に事実上の妻を抱えている軍団兵は珍しくない。除隊になった軍団兵が戻ってきて正式な妻にしてくれるのを、幼子とともに待っている女がいるわけだ。陣営内の個人的なつながりと、14年ぶんの給与に匹敵する多額の年金を活かして、もとの部隊にサービスを提供して儲けているもと軍団兵は少なくない。陣営に必要な物資や飲食を提供するという事業を始めるのである。

会戦のあと、兵士たちに褒賞を与えるトラヤヌス帝。戦闘中に将軍が最前線近くにとどまるのは、ひとつには兵士たちの武勲を自分の目で確認するためである。背景には、明日をも知れぬ運命に向かって引っ立てられていく捕虜が描かれている。

また、結婚によって兵舎とは無関係な仕事を始める者も多い。儲かる事業に出資して、共同経営者の娘を妻にするのだ。世間知らずのもと兵士から資金をだましとりたい誘惑を感じたとしても、ふつうは実行を思いとどまるものだ。被害者のもと同僚たち——こわもてで情け知らずの男たちが、あいつの金をどうしてくれたと話をつけにやってくるのは目に見えているからだ。

3　新天地で新しいスタートを切るという選択肢もある。軍が新しい領土を征服したばかりで、そこを確実に押さえたいと思うなら、除隊した軍団兵を集団で新しい町に入植させる以上の手段があるだろうか。ローマにとってはまさに一挙両得である。軍団兵は、いままでとあまり変わらない社会のなかで、おなじみの人種とともに暮らせる。また非常事態には平服を鎧に取り替えるだけで、訓練の行き届いた実戦経験豊富な軍がそこに出現するというわけだ。もちろん土地を奪われる現地人にはいささか恨まれるだろうが、いずれにしても征服された以上はやむをえないわけで、そもそも軍団兵はそのために必要とされているのである。ただし、他人の故郷に定住するからには、如才なく立ち回ることも必要だと気づかねばならない——とはいうものの、追い出された人々も、いずれは新しい世界秩序と経済発展に組み込まれていく。征服された土地がローマ化されればたいていはそうなるのだ。

もと補助軍兵士が攻撃してきたら

　除隊になった補助軍の兵士に、ローマ市民権が与えられ

るのには理由がある。たんに、かれらが忠実に兵役を務め
たからというだけではない。兵役を終えた補助軍の兵士た
ちは、ローマ軍の強みも弱みもすべて知り尽くしている。
ということは、故郷に戻ってその知識をローマに敵対する
ために利用した場合、もと補助軍兵士はひじょうに危険な
敵になりかねないわけである。前90年、ローマの同盟市が
反乱を起こしたとき、ローマはあやうく敗北しかけた。武
器も鎧も規律も訓練も、すべて自軍と同じ敵と戦う破目に
なったのだ。しかし、たとえただひとりのもと兵士でも、
牙を剝かれれば危険なことになる。それを示す不面目な事
例を以下に紹介しよう。

前133年　ユグルタ──ユグルタは、スキピオ・アエミリ
アヌス将軍の率いる軍に所属してヒスパニアで戦い、ヌマ
ンティアの攻城戦で活躍した。ヌミディアの王位を簒奪し
たのち、数年間ローマと戦い、その間にアウルス・アルビ
ヌスの軍を破っている。最後はガイウス・マリウスに討ち
取られた。

前73年　スパルタクス──補助軍のトラキア部隊に所属し
ていたとされるが、除隊後に盗賊になった。捕らえられて
円形競技場での死刑を宣告されたが、脱走して、逃亡奴隷
やイタリアからの追放者を集めて軍を作った。イタリア半
島全域を荒らしまわり、最終的にリキニウス・クラッスス
(のちに第1回三頭政治の一翼をになう)によって倒された。

後9年　アルミニウス——この裏切りによって受けた傷は、いまだ完全には癒えていない。アルミニウスはゲルマン人のケルスキ族の指導者だったが、ローマの騎士階級に属し、補助軍の将校でもあった。クィンクティリウス・ウァルスに信頼され、その信頼につけこんでローマの3個軍団に待ち伏せ攻撃をしかけ、トイトブルクの森で全滅に追い込んだ。アルミニウスはのちに、ローマから解放された自部族内の派閥抗争で生命を落とした。

後17年　タクファリナス——補助軍の騎兵だったタクファリナスは、除隊後に山賊になり、ヌミディアのローマ人にとって絶え間ない悩みの種になった。彼の率いる神出鬼没のゲリラ部隊に対して何度も軍が送られたが、アウジアでようやく罠にかけて殺すまで何年もかかった。

後69年　ガイウス・ユリウス・キウィリス——この男はローマ市民だったが、バタウィア人補助軍のすべて、またその他のガリア人補助軍の部隊も引き込んでローマから寝返らせた。これらの部隊によって、レヌス（ライン）河畔のカストラ・ウェテラの戦意を喪失した軍団を包囲し、そのうちの一部をそそのかして脱走させている。ペテッリウス・ケリアリスの率いるローマ軍によって反乱は鎮圧されたものの、キウィリスはよく戦って和平交渉に持ち込み、その後は歴史から姿を消した。

墓石のヒント

ロー マ軍で戦ったのは死ぬまで自慢できることだが、死んだからと言ってそこでやめる理由はない。きみが何者で、戦友とともになにをなしとげたかを後世に知らしめようではないか。軍団兵の葬儀共済会に入れば、ちゃんとした葬儀と最低限の墓所に必要な資金は出してもらえるが、もう少し足せば——遺言状に相続の条件として書いておけば、息子たちが出してくれるかもしれない——立派な記念碑を立てることもできる。なんと言っても、かつて世界に現われた最高の戦闘マシンの一部として、きみは25年間も過ごしてきたのだ。この世で最も恐れられる最強の戦士たちのひとり——ローマの軍団兵だったのだ。立派なものだ、誇るのになんの遠慮がいるものか。

トラキア人の騎兵ルフス・シタの墓石。騎兵たちは、敵を馬蹄にかけるさまを刻んだ石の下で永眠したいと望むものだから、このような墓石は大量に作られている。

理想を言えば、石柱（小ぶりの円柱）か、少なくとも立派に自立する石碑を立てたいところだ。また、火葬より埋葬を望むなら、石棺のなかで永眠するという選択肢もある。四辺と蓋のある石棺であれば、軍歴を文字や絵にしてしっかり書き残すことができるというものだ。

　騎兵なら、若いころの栄光の日々を墓石に刻みたいと思うだろう。マントをひるがえし、槍をかまえ、敵を馬蹄にかける姿を永遠に残そう。

　補助軍兵士は完全武装の姿を描きたがるが、ローマの軍団兵なら浅浮彫りにちょっとした装備を描いて、軍人としての経歴を匂わせるだけにしたいと思うかもしれない。だがその場合でも、アルミッラやトルクなどの軍功を称える褒賞は、墓石のすばらしい縁取りになるものだ。

マルクス・ユリウス・サビアヌスはミセヌム艦隊の水兵だったが、ときには仲間の水兵たちとともに臨時の補助軍兵として勤務することもあった。したがって、自分の墓石に大いばりで盾と槍を描くことができたというわけだ。

✦✦✦

ロンギヌス・スダペゼ、マテユクスの子、サルディカ［現ソフィア］出身、第１トラキア騎兵隊のドゥプリカリウス duplicarius（給与２倍の兵士）ここに眠る。15年兵役を務め、40歳にて死去。この墓碑は、故人の遺言に従い相続人によって立てられた。

　　　——ある騎兵の墓碑銘『RIB（英国のローマ時代の銘文集）』201

✦✦✦

また、スムーズに市民生活に移行したことを自慢したり、家族についてくわしく書くのも悪くないアイデアだ。除隊後には長く幸福な第２の人生を歩み、しまいにはその家族の胸に抱かれて息を引き取ったのだから。

限られた空間ではあるが、想像以上にくわしい内容を書き残すことができるものだ。というのも数々の略語があって、そういう約束事に通じた人なら簡単に解読できるからである。

✦✦✦

L.DUCCIUS L.f.VOLT.RUFINUS VIEN SIGN.LEG. VIIII AN.XXIIX H.S.E［ルキウス・ドゥッキウス、ルキウスの子、ウォルティニア地区所属、第三名ルフィヌス、ウィエンナ（現ヴィエンヌ）出身、第９軍団の旗手ここに眠る、享年28］

　　　　　　　　　　　　　　　　　　——『RIB』673

✦✦✦

望ましい文例

D.M. M.PETRONIUS L.f. MEN.VIC. ANN.XXXVIII SIGN.
FUIT MILITAVIT ANN.XVIII LEG.XIIII H.S.E

D.M.	いまは亡き〜の魂に
M.PETRONIUS L.f.	マルクス・ペトロニウス、ルキウスの子、
MEN.VIC.	メネニア地区所属、ウィケティア出身
ANN.XXXVIII	享年38
SIGN.FUIT	旗手であった
MILITAVIT ANN.XVIII	18年兵役を務めた
LEG.XIIII	第 XIV ゲミナ軍団
H.S.E	ここに眠る

——ロクシター出土『RIB』294

1　墓碑銘は D.M. で始めるのがよい。これはディス・マニブス dis manibus（亡き〜の魂に）の略である。
2　次には必須の項目、名前（ノメン nomen）と氏族名（プラエノメン praenomen）、それに続いてきみの属する選挙用の地区を書く。
3　続いて第三名（コグノメン cognomen）。いわゆるニックネームだが、仲間たちから「目つきの悪いやつ」とか「いぼ野郎」などと呼ばれていた場合はその限りではない。
4　次に出生地、階級と軍団名。

ローマ軍豆知識

失った領土を取り返しただけでは、ふつうは凱旋式は認められないものだが、ティトゥスがユダエアを奪還したときには例外的におこなわれた。

✝

凱旋将軍の戦車は4頭立てである（クァドリガ quadriga）。

✝

ブリタンニアのコルチェスター周辺に入植したもと軍団兵は、傲慢で偏狭だったため憎まれて、ボウディッカが反乱を起こしたときに皆殺しにされた。

✝

凱旋式を認められなかった将軍は、オウァティオ ovatio（小凱旋式）という小規模な式典を認められることがある。

✝

墓碑銘にふつう死因は書かない。

✝

凱旋式を認められるのは皇帝のみだが、皇帝のために凱旋式をかちとった将軍には、オルナメンタ ornamenta と呼ばれる凱旋の褒賞が授けられることがある。

✝

現役の兵士は、遺言の執行者に家族でなく仲間の軍団兵を選ぶことがある。亡くなるときにそばにいることが多いからだ。

✝

補助軍の兵士の墓石では、その図像にローマの様式と出身地の様式が混じり合っていることが多い。

5 最後に年齢を書き加え、また墓石の費用を自分で出したのか、それともきみを悼んで妻や息子たちが払ったのかを書いてもよい。

像を彫るときは、鎧や武器の細かい部分にはとくに注意して、できるだけ精密かつ正確な浅浮彫りにしよう。

そうすれば、未来の歴史学者が心から感謝してくれるだろう。

用語集

アクティウム　前31年、アウグストゥスとその後継者がローマ世界の唯一の主人であることを決定づけた海戦

アラ ala　騎兵隊の「翼側」

アクィラ aquila　ローマの軍団の軍団旗。これを持つ兵士をアクィリフェル aquilifer　と呼ぶ

アルミッラ armilla　手柄を立てた者に与えられる褒賞

バリトゥス baritus　ゲルマン人の鬨の声

バタウィ人　ゲルマン人の部族。補助軍の兵士としては役に立つが、厄介な敵になることもある。

ブッケッラトゥム buccellatum　堅パンの一種。よほど飢えていなければ食べられない非常用食糧

カリガ caliga　ローマ軍のサンダル

カナバ canaba　軍団兵を楽しませるための陣営外の施設

カプサ capsa　衛生兵が戦場で持ち運ぶ道具袋

カスティガティオ castigatio　打擲刑

カタフラクト　重い鎧をつけた馬に乗る重い鎧をつけた騎兵

ケントゥリア centuria　百人隊。兵士を管理するための定員80人の部隊

コホルス cohors　補助軍の部隊、あるいは軍団を構成する部隊のひとつ

コンスル consul　執政官。共和政ローマでは国の最高の官職で、しばしば軍を指揮した

コントゥベルニウム contubernium　天幕または兵舎の部屋を共有する8人の兵士

コルニケン cornicen　ラッパ手

ダキア　おおよそ現代のルーマニアにあたる地域

デキマティオ decimatio　名誉を汚した部隊の10人にひとりを殺すこと

ディレクトゥス dilectus　緊急時の徴集軍

ドラブラ dolabra　携帯用のツルハシ

ドロメダリイ dromedarii　ラクダ隊

騎士　昔はローマ軍の騎兵を意味したが、いまは元老院議員よりひとつ下の身分のこと

エクィテス・シングラレス・アウグスティ（equites singulares Augusti）　基本的に騎乗の近衛隊

エウプラテス川　パルティアとの国境をなす川

エクスプロラトレス exploratores　騎兵の斥候部隊

ファルクス falx　ダキア人の使うおぞましい武器

マルスの野　カンプス・マルティウス Campus Martius のこと。ローマ人はここで投票をし、また軍事訓練をおこなう

フラメア framea　ゲルマン人の戦槍

フルカ furca　軍団兵が荷物を運ぶのに使う棒

フストゥアリウム fustuarium　厳しい（ときには死に至る）杖打ちの罰

グラディウス（・ヒスパニエンシス）gladius（Hispaniensis）　軍団の長剣

イッリュリア　現代のクロアチアにあたる地域

インムニス immunis　特殊な任務をもつ兵士

軍団長 legatus legionis　軍団の司令官

ロリカ lorica　鎧のこと。一般的なものとしてはセグメンタタ segmentata（軍団兵用）、ハマタ hamata（鎖帷子）、スクァマタ squamata（小ざね鎧）がある。

マニプルス manipulus　いまは廃れた戦闘単位。定員120名

マリウス、ガイウス Marius, Gaius　ローマ軍にきわめて重要な変革をもたらした将軍

ミレス・グレガリウス miles gregarius　一般兵士

兵士トリブヌス　軍団の高級将校のひとり。戦闘では1個または2個コホルスを指揮する

ミッシオ・ホネスタ missio honesta　名誉除隊

ミッシオ・イグノミニオサ missio ignominiosa　不名誉除隊

ムネルム・インディクティオ munerum indictio　懲罰として科される任務

ムニフェクス munifex　なんの階級も特権ももたない兵士

ヌミディア　現代のリビア〜チュニジア地域にあるアフリカの国家

パンノニア　バルカン地方とルーマニアの間にあるローマの属州

パピリオ papilio　遠征用の小さな天幕。8人用。ただしだれも豆を
　　食べないことが条件

パルティア　ローマ帝国の東方にある強大な王国

パテラ patera　汎用的な携帯食器兼コップ

ペディテス pedites　歩兵

ペレグリヌス peregrinus　ローマの領内を通行する、あるいは領内
　　に居住する外国人

パランクス　古代の槍兵による密集方陣。マケドニアで最も発展した

パレラ phalera　手柄を立てた者に与えられる褒賞

パルサロス　ユリウス・カエサルが内戦に勝利を収めた戦いのあった
　　地

ピクト人　カレドニアの好戦的な住民

ピルム pilum　軍団の槍

プラエトリウム praetorium　遠征中に将軍の用いる天幕

プラエフェクトゥス・カストロルム praefectus castrorum　陣営の
　　日々の運営の責任者

プリムス・ピルス primus pilus　軍団の首位百人隊長

プリンキピア principia　軍団本部

プロバティオ probatio　軍団兵としての適性検査

プギオ pugio　短剣

サルマティア人　黒海北方の戦士民族

スクトゥム scutum　盾

シカリウス sicarius　狂信的なユダヤの自由戦士

シグニフェル signifer　旗手

スパタ spatha　騎兵の持つ剣

トリブヌス・ラティクラウィウス tribunus laticlavius　軍団の副司
　　令官

三頭政治　有力な政治家3人の連合。その支配のもとで世界を束ねよ
　　うとしたが、最終的には戦利品をめぐって互いに争う結果になっ
　　た

トゥルマ turma　騎兵による部隊

ウェテラ　レヌス（ライン）川に面する大規模な軍団の陣営

ウェクシッラティオ　vexillatio　特別な目的で臨時に集められる小部
　　隊

ウィアティクム　viaticum　新入隊者に支給される旅費

ウィティス　vitis　百人隊長が持つぶどうの木の枝の杖

ウォルンタリウス　voluntarius　みずから希望して軍に入隊する新兵

謝　辞

　ローマ軍事史の熱狂的なファン——同じ歴史学者仲間もいれば、ローマ軍を再現したり装備を作ったりしている人々もいる——の温かい協力のおかげで、本書の執筆は大いに助けられた。こういうかたがたのお力添えがなかったら、具体的な事項まではとうてい知ることができなかっただろう。鎧をまとい、重い背嚢を担いで行軍するのがどんなものか、本書でその実感を多少でも味わっていただけたとすれば、それを実際にやってきた人々のおかげである。軍事面に関する私の無知を親切に修正してくださった人々のなかでも、ナイジェル・ベリーとエイドリアン・ゴールズワージーにはとくに感謝しなくてはならない。後者には個人的にも、また *The Complete Roman Army*、*In the Name of Rome*、*Roman Warfare* などの著書を通じてもお力を貸していただいた。

参考文献

　戦争は、ローマ人が好んで書いた（しばしば個人的体験に基づいて）テーマである。ここには、軍団兵志願者ならかならず読むべき著者を10人あげておく。

タキトゥス『同時代史』『年代記』『ゲルマニア』『アグリコラ』――タキトゥス自身は軍人ではないが、実際に参加した人々からじかに話を聞くなどして、戦闘を活き活きと描きだしている。

ユリウス・カエサル『ガリア戦記』『内乱記』――古代最高の将軍のひとりが、みずからの体験を書き残した本――これ以上になにを望めようか。

ヨセフス『ユダヤ戦記』――みずから軍を率いてローマ軍と戦っただけでなく、生き延びて後世にそれを書き残した。これもまた一人称のローマ戦史である。

サッルスティウス『ユグルタ戦記』――兵士にして政治家によるアフリカでの戦争の記録。軍事史でもあり政治学の本でもある。

ポリュビオス『歴史』――後期のマケドニア戦争に関する記述はとくに読んでほしい。この戦争については、ポリュビオスがみずからその一部を体験しているから。

アッリアノス『アラニ人に対する戦列』――古代最高の軍事史

家のひとりによる、ローマ軍の作戦行動に関する目撃証言である。

フロンティヌス『統帥術』——軍事的な逸話を集めたもと将軍による著作。著者はのちにローマの水道橋の責任者になっている。

ウィトルウィウス『建築書』——大半は無味乾燥だが、第10章には攻城戦と攻城兵器について書かれているから、そこはすべて読もう。

プルタルコス『英雄伝』——軍人ではないが、プルタルコスの伝記にはほかでは読めない戦闘や事件の詳細が描かれている。

アンミアヌス・マルケッリヌス『ローマ史』——帝政後期最大の軍事史家。ササン朝ペルシアとの戦争については、自身の経験に基づいて語っている。

イラストの出典

本文中でたびたび用いられる剣と盾のモチーフは、Peter Inker ©
Thames & Hudson Ltd, London による。

akg-images/Peter Connolly　65 上、65 下、66 上、66- 7 、67 上、68
上、68下、69、70上、71上、70-71、72上、72下

American Numismatic Society, 登録番号 1945.203.170　271

Dominic Andrews　150

British Museum, London　41

Richard Bryant　140

Copyright Dr Duncan B Campbell　225右

City Museum, Gloucester　278

Deutsches Archäologisches Institut, Rome　244、274

Ermine Street Guard　10

Peter Inker © Thames & Hudson Ltd, London　60、95、96、98、
108、248-249

Nick Jakins © Thames & Hudson Ltd, London　28左、35、56、
101、111、114、258、259

Landesmuseum, Mainz　50

Ministero Beni e Att. Culturali, Rome　79、235

ML Design　28-29、173

Michael J. Moore and David J.Breeze　174、175

Musée du Louvre, Paris　13、85

Museo della Civiltà Romana, Rome　131、134、159、178

Museo della Civiltà Romana, Rome/akg-images　6 - 7 、119

Museum of London　目次扉

National Museum, Bucharest　16

Claire Venables　145、165

Roger Wilson　52、222、279

カラー図版（pp.201-208）写真はすべて Ermine Street Guard による

【索引】

カ行

本書は「ちくま学芸文庫」のために新たに訳出したものである。

ちくま学芸文庫

古代ローマ帝国軍　非公式マニュアル

二〇二〇年十一月十日　第一刷発行

著　者　フィリップ・マティザック

訳　者　安原和見（やすはら・かずみ）

発行者　喜入冬子

発行所　株式会社　筑摩書房
　　　　東京都台東区蔵前二─五─三　〒一一一─八七五五
　　　　電話番号　〇三─五六八七─二六〇一（代表）

装幀者　安野光雅

印刷所　三松堂印刷株式会社

製本所　三松堂印刷株式会社

乱丁・落丁本の場合は、送料小社負担でお取り替えいたします。
本書をコピー、スキャニング等の方法により無許諾で複製する
ことは、法令に規定された場合を除いて禁止されています。請
負業者等の第三者によるデジタル化は一切認められていません
ので、ご注意ください。

© KAZUMI YASUHARA 2020　Printed in Japan

ISBN978-4-480-51015-0　C0122